Ganar dinero sin trabajar

Sergio Matamala

Copyright © 2016 Sergio Matamala

All rights reserved.

ISBN: 1539171027
ISBN-13: 978-1539171027

A Darío y Ainara

Que crezcáis felices y libres

INDICE

	Agradecimientos	0
1	Introducción	1
2	La esclavitud de deuda	4
3	El adoctrinamiento	6
4	Las cadenas	10
5	¿Qué sabes de economía?	14
6	Ingresos pasivos	17
7	El plan	24
8	Veinte ejemplos de pasivos	27
9	La estabilidad	68
10	El futuro	70
11	Despedida	79

AGRADECIMIENTOS

A Isa, gracias por aguantarme y ser paciente. A Almudena, Marta y Gonzalo, por ser las personas que siempre me ayudan cuando lo necesito. Y sobre todo a mis padres, por darme una familia fantástica y haberse sacrificado por nosotros.

A Nagore Ballesteros por su fenomenal portada.

1 INTRODUCCIÓN

Si estás aquí, ahora, leyendo el inicio de este libro es muy probable que al igual que me ocurrió a mí, hayas percibido cómo funcionan los engranajes del sistema y su eficaz diseño. Si no es así, al menos tendrás curiosidad por conocer realmente cómo, en pleno siglo XXI hay millones de esclavos deudores en los países más desarrollados.

En este libro voy a remarcar cómo nos preparan desde pequeños para ser esclavos del sistema, enseñándonos a hacer una sola cosa para ser productivos y sobre todo dependientes del mismo. Cómo las grandes corporaciones controlan el sistema y mueven los hilos de la economía a su antojo, y sobre todo de en que situación está la mayoría de la gente. Voy a explicar qué puedes hacer para no seguir los pasos del sistema, sin salirte de él, por supuesto, este no es un libro de rebeldía ni anti-capitalista. No estoy aquí para cambiar las leyes del juego, que no significa que esté de acuerdo con ellas, pero si este es el juego al que nos hacen jugar, al menos yo estoy para ganar, ¿tú no?

Durante un tiempo he curioseado en diferentes libros que tratan sobre "vive sin trabajar" o "genera tus propios ingresos", etc. y cuanto más leía más me daba cuenta de que faltaba información. Cuando los leía pensaba que era yo quien estaba generándole los ingresos al autor comprando dicho libro pero a la hora de la verdad no solo no decía nada nuevo que no supiera. La mayoría de las veces no decían absolutamente nada. Páginas y páginas de autobombo y súper motivadoras buscando que el lector se lance a la aventura, y visite su blog, donde igual le intentará vender algún seminario, y hasta ese punto está genial, el único problema es que nadie cuenta lo más importante: cómo hacerlo.

Cuando una persona ha vivido sumido en un sistema que le ha enseñado siempre un planteamiento, romper con lo aprendido no es nada sencillo. Lo que para unos es fácil de ver, para otros será totalmente imposible, por eso creo que el punto de apoyo para comenzar la tarea debe ser sólido y sobre todo muy detallado. No solo voy a decirte que puedes hacerlo, también te daré algunas ideas y ejemplos de cómo llevarlo a cabo.

He explicado que vamos a empezar por entender en qué situación estamos, y luego cómo salir de ella. Este libro concluirá con los últimos pasos: cómo garantizarnos nuestro futuro en la jubilación.

Ahora mismo estarás pensando de una de estas dos formas:

La primera de ellas: -"De mi pensión". Error; aunque los libros que puedas leer sobre generar tus propios ingresos no traten sobre este tema, es muy posible que no puedas contar con una pensión pública (sobre todo si estás en España), las pensiones privadas no suelen ser la mejor opción y en la mayoría de ellas, tendrás menos dinero que el que invertiste durante años.

La segunda de ellas: -"De los ingresos pasivos que se generan solos". Es posible, en efecto, que los ingresos pasivos duren en el tiempo, así que es muy probable que puedas seguir viviendo de ellos el resto de tu vida, sin embargo todos ellos tienen un fin. Llega un día en que estos dejan de generar dinero. En el momento que te jubiles, será mejor que tengas un fondo que garantice un retiro sin preocupaciones.

Si estás preparado para entender por qué nos han puesto cadenas y cómo librarnos de ellas, ¡comenzamos!

2 LA ESCLAVITUD DE DEUDA

La esclavitud es una situación en la que una persona pertenece a otra. Aunque originalmente los esclavos se formaban entre los prisioneros de guerra, había otros tipos de esclavos: los esclavos de deuda o de apremio individual. Estos eran personas libres que debido a una deuda ante un prestamista, y una garantía totalmente cruel y excesiva, ante la imposibilidad de devolver el préstamo en las cuotas acordadas, pasaba a ser propiedad del prestamista hasta que la deuda fuera saldada.

Los esclavos de guerra eran más peligrosos y propensos a la rebelión, sin embargo hay un tipo de esclavo que jamás genera ningún problema a sus amos: los esclavos que no son conscientes de serlo. Si alguien se cree libre, no lucha por su libertad. Si es libre no tiene por qué rebelarse. Sea como fuere, si realmente quieres tener esclavos que trabajen para ti eternamente y durante generaciones, lo mejor sería que estos no supieran que lo son.

Desconozco a ciencia cierta si en algún momento de la historia alguien se lo planteó, así como lo planteo yo ahora. Es probable que los acontecimientos que nos llevaron a la situación actual hayan tomado otro camino, sin embargo, la mayoría de nosotros somos esclavos de deuda sin saberlo. Es más, países enteros lo son (Grecia por ejemplo).

"El dinero es una nueva forma de esclavitud, que sólo se distingue de la antigua por el hecho de que es impersonal, de que no existe una relación humana entre amo y esclavo." - Leon Tolstoi

3 EL ADOCTRINAMIENTO

Vivimos en un mundo capitalista, donde el sistema gira en torno al dinero. Sin embargo el sistema educativo no está enfocado para prepararnos para este sistema. Lo lógico sería que, si en una teocracia impera la religión como eje fundamental, en un sistema capitalista se enseñara economía en las escuelas. Por el contrario esto no así, realmente se prepara a nuestros niños para que tengan unos conocimientos de cultura básicos, luego se dividen según para lo que mejor rendimiento puedan ofrecer (ciencias o letras) y finalmente se les explica que deben estudiar una carrera o en su defecto algún modulo de formación profesional que les permita acceder al mercado laboral. Y una vez concluidos los estudios, se pasa a engrosar las filas del paro esperando a que una empresa los llame para que empiecen a trabajar para ella o en el mejor de los casos, competir con miles de personas para opositar por algún puesto en la administración que garantice cierta estabilidad laboral. Es más, el siguiente paso tras lograr tu primer trabajo suele ser pedir un préstamo para el coche, y posteriormente una hipoteca para la casa. Es lo que nos enseñan en nuestra sociedad, nuestro entorno. Debemos consumir para ser felices, y trabajar para poder consumir.

En España se inculcó muchos años la extraña creencia de que alquilar una casa era tirar el dinero. No comprarte una casa era poco menos que hacer el tonto, aunque el tiempo demostró que nada mas lejos de la realidad. Ambas opciones son las correctas dependiendo de las circunstancias personales, y del mercado.

Pero vamos a hacernos unas preguntas al respecto:

¿Por qué se nos prepara para especializarnos en una cosa?

¿Por qué se nos prepara para trabajar para alguien y no se nos enseña a trabajar para nosotros mismos?

¿Por qué si cuando salimos del instituto comenzamos a usar tarjetas de crédito, préstamos y a manejar cuentas en el banco, no tenemos ni idea de economía? Más concretamente, ¿por qué se da prioridad a muchas asignaturas que quizás no tengan una importancia tan grande, sobre algo tan básico como saber qué es el TAE, qué es el TIN, qué es el Euribor, cómo invertir nuestro dinero, qué es el mercado de divisas y cómo funciona y un largo etc?. Sin duda porque a alguien le beneficia.

Vivimos en un sistema en que el gobierno, y concretamente los políticos que ocupan sus puestos deciden las materias que se imparten en las escuelas, y dichos partidos hacen costosas campañas financiadas con aportaciones privadas de grandes corporaciones. Estas corporaciones son empresas, y no regalan el dinero, lo invierten. Cuando una de estas grandes corporaciones aporta dinero, sabe que el futuro gobierno estará en deuda con ella y hará algo a cambio.

No es extraño por tanto darse cuenta de que intentarán que cuando finalices tus estudios y vayas a un banco no tengas ni idea del préstamo que estás pidiendo, de hecho que ni sepas si es adecuado o no solicitarlo. Te fías del director de tu oficina que representa a una de estas grandes empresas, que previamente dona dinero a los partidos, que no cambian el sistema educativo para que sus futuros clientes no tengan conocimientos suficientes. Estoy seguro de que al menos el 90% de la población ni se lee las condiciones del contrato antes de firmar el préstamo.

No nos enseñan economía porque para que los de arriba puedan ganar más, nosotros debemos perder más. Y para evitar que nos fijemos se pasan la vida peleando sobre religión y educación para la ciudadanía. Un debate muy interesante que, sin embargo, está creado para dividir a la población y mantenerla distraída. Esto no es nuevo, los gobiernos lo hacen a menudo. Seguro que recordarás las campañas mediáticas sobre Gibraltar cuando interesa ocupar portadas de periódicos y tapar casos de corrupción, el tema Cataluña, o cualquier otro tipo de pleito.

Tampoco nos preparan para ser creativos. La creatividad se coarta desde que somos pequeños para enseñarnos que las cosas se hacen de una sola forma. Se nos enseña a pensar, pero no demasiado. Nos convierten en máquinas productoras eficaces para realizar trabajos específicos, la mayoría de las veces para alguien. Desde pequeños nos enseñan que hay que ponerse en fila, en orden, siguiendo unas normas a las que debemos amoldarnos.

Nos preparan para ser mano de obra, luego las grandes corporaciones podrán elegir entre toda la disponible y bien preparada, y cuanto más hay disponible menos tendrán que pagar por ella.

No te enseñan a emprender, o a crear tu propio dinero porque si todo el mundo lo hiciera, las grandes corporaciones tendrían no solo más competencia (nuevas empresas), sino además menos mano de obra disponible, y ésta sería por lo tanto muchísimo más cara.

En resumen, vivimos en una sociedad en la que nos adoctrinan desde pequeños para que seamos empleados de una empresa, y que además nos endeudemos en forma de préstamos, tarjetas o hipotecas con las entidades bancarias. Mientras debamos dinero estamos obligados a tener que trabajar para poder pagarlo.

4 LAS CADENAS

No es extraño que las entidades bancarias en época de bonanza se volvieran locas por vender préstamos, hipotecas, tarjetas, etc. Una vez que un futuro esclavo de deuda accede a estos préstamos, comienza a hacer pago mensualmente de sus gastos habituales (alquiler o hipoteca, préstamo, comida, gasolina, imprevistos...). Estos préstamos tienen unas comisiones que en muchas ocasiones no son valoradas. La mayoría de la gente no es consciente de que cuando pide un préstamo hipotecario de, por ejemplo 120.000€, acabará pagándole al banco en el mejor de los casos, el doble de lo que ha pedido: aproximadamente 240.000€. Contando con las comisiones por tener la cuenta con ellos, la tarjeta de crédito y comisiones e intereses, seguros que te añaden en el contrato en ocasiones sin advertir al cliente hasta el día de la firma, en el que está tan ilusionado por tener las llaves de su casa, que accede y firma igualmente.

Pero el IPC crece cada año y el sueldo del trabajador no suele crecer con él, por lo que cada año los gastos son mayores y el sueldo es el mismo. Además, si hay un descubierto en la cuenta, el banco te cobra una sangrante comisión, si compras con la tarjeta de crédito también y si tienes una hipoteca la cuota puede dispararse según el índice del Euribor, que en la inmensa mayoría de las veces la persona no sabe ni qué es ni por qué varía. Solo sabe que una hipoteca de 600€ se transforma en poco tiempo en 900€ y no puede pagarla. Desconozco si es o no tu caso, pero si contestas afirmativamente a estas preguntas, seguramente seas lo que yo denomino un esclavo de deuda:

-¿Tienes préstamos o hipotecas contratadas que debes pagar?

-¿Si hoy dejaras o perdieras tu trabajo, te verías en serios problemas para poder afrontar tus gastos mensuales?

-Si tu jefe te dice algo que consideras humillante o si ya te ha pasado ¿tragarías con ello, bajarías la cabeza y no dirías nada para no perder el empleo?

Si has contestado sí a estas tres preguntas, eres un esclavo de deuda.

Los préstamos bancarios, son una bola en constante crecimiento para una persona a la que le cuesta llegar a fin de mes. Cuando no cobras a tiempo, si vas justo de dinero, se genera un descubierto que se suma a los gastos, si usas dinero de la tarjeta, a su vez generas más intereses que va a los bancos, es un continuo desangre financiero que va a parar a las manos de esas mismas corporaciones y entidades bancarias a las que le interesaba realmente que tú no aprendieras economía en la escuela. Y lo que es peor, estás a merced de la empresa que te ha contratado. Si tienes mala suerte, tropezarás con un jefe déspota acostumbrado a poder humillar a sus trabajadores como si fueran sus esclavos, a obligarlos a trabajar más horas de las normales sin retribución (hacer horas extras sin cobrarlas) lo cual todos sabemos que es un fraude, y lo peor, es que no puedes hacer nada porque si pierdes el empleo no puedes mantener tu casa, o el plato de comida.

Si te has fijado, en los últimos años esto se ha agravado: se ha originado una crisis que le ha venido muy bien a las grandes empresas. Mucha gente ha acabado en el paro, por lo que la oferta de mano de obra es mucho mayor (aumenta la oferta y baja la demanda) así que el salario medio del trabajador ha caído enormemente. Ahora pueden contratar a una persona por la mitad de precio al mes que hace unos años, lo cual les origina grandes beneficios. A esto tienes que sumarle, como en el caso español, las reformas acometidas por el Gobierno para facilitar el despido y que las grandes empresas puedan renovar sus viejos y costosos empleados, por otros jóvenes que cuestan la mitad.

El Partido Popular aprobó en España una reforma laboral en plena crisis en el año 2012, que permitió a las empresas, deshacerse del personal que le costaba, por ejemplo 1800€ al mes, por algo menos de 800€. En algunos casos 600€. Esto se tradujo en grandes beneficios y subidas en sus cotizaciones, lo que hizo que el IBEX presentara en plena crisis un crecimiento muy beneficioso para estas empresas: su cotización y por lo tanto el valor de estas empresas se disparó, y sus accionistas, muchas veces empresas y personas afines a este partido, ganaron mucho dinero con ello.

¿Pero es bueno que suba el IBEX?

Pues todo dependerá de si tienes acciones en dicha empresa. Realmente el Ibex sólo recoge a las principales 35 empresas españolas. Estas no son el conjunto de empresas de España, sino solamente las que tienen más liquidez. Que las principales ganen más no significa que todos ganemos más. De hecho, como ya hemos visto, que los trabajadores ganen menos es una de las principales razones de que estas empresas hayan reducido gastos y con ello aumentado beneficios repercutiendo en un aumento de precio de sus acciones, pero también los autónomos que cada vez han de afrontar más impuestos y trabas fiscales a su actividad ven que estas corporaciones gozan en muchos casos de exenciones fiscales por miedo a que se vayan a otros países para tributar menos.

Lo cierto es que estas grandes empresas no se irán a otros países pues hace muchos años que tienen su dinero en paraísos fiscales. Las empresas del IBEX tienen 810 filiales en paraísos fiscales. Concretamente 34 de las 35 empresas del IBEX poseen filiales en paraísos fiscales para evitar pagar impuestos.

Estamos en un sistema en que grandes corporaciones controlan todo, la educación de nuestros hijos para hacerlos productivos el día de mañana, que nos inculcan la filosofía de endeudarnos y poseer más cosas y más caras (un coche, una casa, el mejor traje, el reloj más caro, el ordenador más bonito potente, etc.) y una vez nos endeudamos, se aumenta nuestro nivel de endeudamiento de forma natural con un crecimiento del IPC, para que no podamos dejar los trabajos y bajemos nuestras aspiraciones (a mayor nivel de desesperación, menos dinero estamos dispuestos a aceptar).

Somos los esclavos del siglo XXI

5 ¿QUÉ SABES DE ECONOMÍA?

Cuando me percaté de la situación en la que estaba me fue mucho más fácil planear una "huida". No puedes librarte de las cadenas si no eres consciente de que eres un esclavo. Si estos hechos que he narrado en el capítulo anterior te son familiares, y eres consciente de la situación de indefensión a la que te han sometido, estás preparado para intentar cambiarlo.

Personalmente no me considero anti-capitalista. No creo que todo en el sistema capitalista esteé mal, pienso más bien que el hecho de que los que están en posición ventajosa puedan cambiar las normas a su antojo pone a los demás en desventaja. Nos impiden jugar de tú a tú en el juego del dinero.

Hay personas que han optado por robar directamente al sistema. Es el caso de Enric Duran. Enric, es un anti-sistema que pidió en préstamos a los bancos 204.000 € sin intención de devolverlos. Para ello falsificó nóminas entre otras cosas. Actualmente está en la cárcel.

"Si hubiera preguntado a mis clientes qué es lo que necesitaban, me hubieran dicho que un caballo más rápido". Henry Ford tras inventar el automóvil

Yo no escribo esto para animarte a empender una cruzada contra el sistema, yo te animo a que juegues tus cartas sin seguir el camino que te marca el sistema. Que dejes de hacer lo que se supone que debes hacer. Rompe las barreras, y decide tomar otro camino. Sigue estos consejos:

Fomenta la creatividad. Pon a trabajar tu cabeza y sobre todo no dejes que los consejos de personas que no lo hayan hecho antes, te vayan a frenar. Selecciona aquellas ideas que te den dinero de forma pasiva, que precisen de tu trabajo al principio y luego te generen beneficio todos los meses sin tener que trabajar, de esta forma tendrás tiempo libre para dedicar a nuevas ideas que te aporten más dinero. Personalmente desecho cualquier trabajo en el que, para percibir ingresos, tenga que acudir a trabajar y por lo tanto dejo de recibirlos si dejo de ir, excepto aquellos en los que me mueve una motivación personal y no económica.

Aprende economía. Hay muchos libros disponibles que explican los entresijos de la economía que nos rodea. Aprende qué significa cada cosa. Cuando estés en un banco deberías poder entender qué se te ofrece, en qué condiciones y si es bueno o malo para ti. No es lógico que firmemos una hipoteca sin conocer el funcionamiento del Euribor, conocer los detalles de comisiones que nos están aplicando, o entender que es el TAE o el TIN.

Vela por tus intereses. Los bancos son empresas que velan por sus intereses. Vela tú por los tuyos. Trabaja siempre con el que mejores condiciones te aporte y descarta la simpatía o el ser "el de toda la vida" a la hora de elegir. Busca no pagar intereses y revisa las cuentas para evitar cargos duplicados, comisiones injustas, etc. Actualmente hay aplicaciones muy útiles que te avisan de los movimientos de todas las cuentas y detectan si hay cargos duplicados, te avisan si tienes algún descubierto, o si tienes poco dinero en alguna cuenta. Esto te permitirá tomar medidas antes de que el banco te cobre comisiones, o pedir la devolución de las que te hayan podido cobrar injustamente. Yo, por ejemplo, uso una llamada Fintonic. Esta aplicación me avisa en mi terminal móvil de cualquier cosa que pase en mis cuentas sin tener que entrar en cada una de ellas a revisar, pero hay más en el mercado.

No pidas préstamos que te encadenen. Evita pedir préstamos que hagan que tengas que depender de un trabajo tradicional para poder pagarlos. Una vez tienes que acudir a tu empleo por obligación ya tienes las cadenas puestas. Un préstamo no solo le genera grandes beneficios al que lo ofrece, sino que además te creará una obligación para generar dicho dinero. Plantéate si es necesario realizar la compra que quieres financiar, inmediatamente, o si puedes posponerla un tiempo y pagarla en efectivo. Si pedimos un préstamo a pagar en 5 años de 10.000€ para adquirir un vehículo, a un 9,95% de interés (dato sacado de un conocido banco español) pagaremos en intereses, unos 2733€, eso sin contar con la comisión de apertura del 2.5% y la exigencia de la contratación de un seguro. Finalmente y suponiendo que hagas frente a los pagos de todas las cuotas en fecha, el banco se quedará no menos de 3000€ de beneficio. Te da 10.000€ y tu le devolverás más de 13.000. En resumen, si ahorras el dinero de las cuotas durante algo menos de 4 años tendrías los 10.000€ sin tener en cuenta de los beneficios a tu favor que puede generar este dinero durante ese tiempo. Si puedes ahorrar el dinero y esperar, evita en cualquier caso los préstamos que no tengan un fin lucrativo.

Crea tu plan. Organiza ideas que te aporten ingresos pasivos (entraremos en esto más adelante) y planea tu jubilación invirtiendo parte de ese dinero.

6 INGRESOS PASIVOS

Conocemos como ingresos pasivos aquellos que recibes sin tener que trabajar a cambio. Bueno, esto no es del todo correcto. La diferencia realmente se encuentra en que mientras en un empleo tradicional debes ir a trabajar todos los días, y si dejas de trabajar dejas de cobrar tu sueldo, con los ingresos pasivos realizas un trabajo para poner en marcha tu proyecto y a partir de ese momento, comienzas a recibir una retribución mensual sin tener que hacer absolutamente nada más.

¿Qué son por tanto ingresos pasivos?

Un libro que escribes y se vende durante años, genera ingresos pasivo, unos vídeos en youtube con publicidad, que se ven durante años genera ingresos pasivos, un programa o juego de ordenador que se vende durante años, genera ingresos pasivos. En realidad hay miles de fórmulas para generar ingresos pasivos.

¿Por qué es mejor centrarse en ingresos pasivos?

Es evidente. El dinero no tiene limitación, puedes tener 6000€ y mañana puedes tener más, o menos. Este fluctúa, en cambio el tiempo es el bien más preciado que tenemos. Cada segundo que pasa, tenemos uno menos de vida y no vamos a vivirlo más. ¿Por qué destinar 8 horas diarias a un trabajo que te da apenas para comer y tener un techo, a sabiendas de que si un día no eres rentable dejarás de trabajar y por lo tanto de tener ingresos? Es mucho mejor destinar ese tiempo a poner en marcha proyectos que te aporten seguramente menos ingresos, pero a cambio te ofreceran el 100% o casi, de tu tiempo libre para que lo destines a otras cosas.

Al principio el arranque es difícil, dado que los ingresos pasivos no suelen generar muchas ganancias. Al menos al principio, pero su crecimiento es exponencial. Una vez tienes puesto en marcha el primer proyecto, tendrás todo el tiempo libre para pensar y lanzar el segundo, cuyos beneficios se sumarán a los ingresos del primero, y así consecutivamente. En poco tiempo verás que estás viviendo de tus ingresos pasivos y si quieres tomarte unas vacaciones de un año, no dejarás de ganar dinero. Simplemente recibes dinero sin tener que hacer nada más.

Personalmente procuro rechazar cualquier idea que me suponga tener que supervisar o tener que trabajar en dicho proyecto por tiempo prolongado. Realmente valoro más el tiempo que me suponga, que el dinero que puede llegar a aportarme. ¿De qué me sirve tener todo ese tiempo ocupado si sé que cuando me centre en otras cosas dejaré de recibirlo?

Piensa que un día tiene 24 horas. Nunca tendrá más ni menos, por lo tanto tú tienes un tiempo limitado para trabajar. Si tienes un empleo y ocupas todo tu tiempo en ello cuando necesites dinero no puedes coger otro empleo, porque no tienes más tiempo para dedicarle. El tiempo es limitado; en cambio si generas ingresos pasivos siempre tendrás tiempo para trabajar en nuevas ideas.

Realmente hay miles de ellas que pueden generarte ingresos pasivos. Actualmente es aún más fácil. La implantación de internet hace propicia la creación de contenidos y la venta de productos digitales. ¡La ventaja de la venta del producto digital es inmensa! Puedes venderlo infinitas veces sin tener que gastar en producción o materias primas. Simplemente una vez creado lo multiplicas tantas veces como lo necesites sin tener que pagar por ello. Es por eso del auge de los ebook, rápidos de comprar, y que se descargan a tu dispositivo. De esta forma el autor puede distribuir directamente el libro sin tener que mandar más impresiónes de nuevas ediciones, simplemente cada vez que se vende una nueva copia es beneficio. En cambio al distribuir un libro en papel, la cosa cambia. Necesitamos imprimir un número de libros, y distribuirlos físicamente a las librerías, lo cual es un coste que no podemos afrontar y hay que firmar un contrato con una editorial, que asume los costes quedándose con gran parte del beneficio. ¿Y qué ocurre cuando se venden todos los libros? Pues que hay que imprimir más, lo que conlleva unos costes de impresión y distribución. En resumen, las posibilidades que abre el mundo digital son inmensas en este sentido.

Las formas de generar pasivos son diversas, por eso es vital usar la imaginación. A menudo cuanto más creativa sea la idea más posibilidades tiene de éxito. Si hay algo que ya realizan 200.000 personas antes que tú, seguramente tus posibilidades son menores porque hay competencia. Dedica el tiempo libre a pensar nuevas ideas. No hace falta que estés constatemente concentrado pensando en ello, simplemente en tu vida diaria se te plantearán cientos de oportunidades que debes saber enfocar para que te generen ingresos pasivos.

Que generes ingresos pasivos para ti, no significa necesariamente que no puedas tener personas empleadas a tu cargo. Si echas a andar un negocio que tiene a alguien trabajando en él, mientras tú estás en tu casa recibiendo las ganancias, eso es un pasivo también.

En cualquier proyecto es importante que priorices ante todo el tiempo, porque no puede multiplicarse. El día tiene 24h, y si ocupas tu tiempo en una sola labor, ya no podrás aumentar tus ingresos. Recuerda, ¡la clave para librarte de las cadenas es amar el tiempo y ser egoísta con él!

CÓMO DAR EL SALTO

Dar el salto, o salirse del sistema tradicional, no es para nada sencillo. Cada persona tendrá una dificultad mayor o menor según lo atrapado que esté por la esclavitud de deuda del sistema. Un estudiante que acaba la carrera y aún vive en casa de sus padres sin duda sería el modelo perfecto: sin deudas que lo aten a nada, y sin gastos. Puede permitirse el lujo de comenzar a tomar directamente este camino sin asumir riesgos de ningún tipo. Si estás en este tipo de perfil, ¡enhorabuena! Vas a contar con una suerte que yo, por ejemplo, no tuve.

La mayoría de la gente tiene compromisos adquiridos que hay que cumplir. Una hipoteca o un alquiler, recibos de la tarjeta, préstamos, o simplemente una familia que genera gastos, en especial si hay niños. Esto supone que dejar el trabajo para dedicarse a esto se convierte en algo utópico. Si abandonas el trabajo dejarás de ingresar tu sueldo, por lo tanto el mes siguiente no podrás hacer frente a los pagos y compromisos correspondientes, te embargarán tu casa tarde o temprano si dejas de pagar la hipoteca o no podrás asumir tu responsabilidad con tus hijos si los tienes. Esta sí es la situación normal.

Hay muchas formas de ingresos pasivos, unas requerirán más de tu tiempo pero otras muy poco. Si tu caso es este que acabamos de comentar, debes centrarte solamente en aquellos que requieren muy poco tiempo para ponerlos en marcha y compatibilizarlos con tu trabajo.

Sobre todo es la constancia lo más importante. Vas a dedicar muy poco tiempo a generar ingresos pasivos, así que al menos, tendrás que ser constante y dedicarle unas horas semanales a este fin. Pronto deberías empezar a recibir tus primeros ingresos, seguramente una miseria, eso sería lo normal, pero que irán creciendo a medida que vaya pasando el tiempo y un día verás que te aportan mayor beneficio estos ingresos que el trabajo por el que te levantas cada día a las siete de la mañana. En ese momento estás listo para dejar tu viejo trabajo y dedicarte de lleno a esta forma de vida, a no ser que quieras seguir compáginando ambos. Aún así tu viejo trabajo ya habrá cambiado.

¿No has pensado lo distinto que es ir a trabajar sin tener necesidad de hacerlo, sabiendo que estás en ese trabajo pero que si te echan no te supone ningún tipo de problema? ¿Que puedes permitirte decir -NO- a unas exigencias abusivas por parte de algún superior porque no tienes miedo a un posible despido? Te aseguro que se trabaja más feliz.

Ahora piensa ¿Estás listo para comenzar este camino? ¿Tienes ya alguna idea de por donde comenzar? Si es así, ¡enhorabuena! Lo más difícil para las personas con las que hablo de esto es romper esa barrera que le permite comenzar a ver fuentes de ingresos o negocios en cualquier sitio. Si tienes esa habilidad ya tienes todo hecho.

Si no es así no te preocupes, pues en los próximos capítulos voy a detallar un listado de ideas de negocios que pueden darte ingresos, y además voy a detallarlas para que te ayuden a comenzar. La motivación estoy seguro de que la tienes, pero lo que no es tan fácil de conseguir son las ideas, y yo voy a hacerlo.

Pero antes que nada, nos falta una cosa muy importante:

VAS A FRACASAR

Vas a fracasar. Eso no funciona. No solo lo vas a escuchar miles de veces de las personas que te rodean, es que además tienen razón en la mayoría de ocasiones. Al menos en apariencia: el fracaso no llega porque algo que has intentado salga mal, sino porque dejas de intentarlo. Fracasar es parte del éxito. Si no que le pregunten a Edison cuando intentaba inventar la bombilla.

"No he fracasado, he encontrado 10.000 maneras en las que esto no funciona". Thomas Edison.

Al final lo logró, y nadie lo recuerda ahora por los miles de intentos fracasados, sino por la vez que lo consiguió.

El éxito no llega a la primera normalmente. Desconozco si Mark Zuckerberg intentó otros proyectos antes que Facebook, aunque probablemente no. Bill Gates dio en el clavo con Microsoft a la primera, y así hay más personas, pero esto pasa una vez cada un millón. Seamos realistas, probablemente a ti eso no te vaya a ocurrir. A Edison tampoco le pasó ni a la mayoría de grandes genios de la historia: es sencillo, fracasar forma parte del camino al éxito.

Es importante que lo asimiles y lo tengas claro. Que estés preparado para el fracaso en tus intentos, porque llegarán igual que llegarán los éxitos. Lograr crear una red de ingresos pasivos se basa en la prueba y error. ¡Inténtalo, siempre inténtalo! Si no te genera ingresos y crees que te quita tiempo, ciérralo y pasa a otra cosa. Desecha lo que no te da beneficios y no pierdas tiempo en ello y concéntrate en lo que te da, no tengas miedo a probar cosas que pueden fracasar porque fracasar es producto de intentarlo y sin intentarlo no hay éxito.

Es tremendamente extraño que en España es muy común el desanimar a cualquier emprendedor. "Eso no va a funcionar.." "Un amigo hizo un negocio similar y ha cerrado". Tu entorno será de los que te intenten desanimar porque, por alguna extraña razón, todo lo que se sale de aquello que nos han inculcado desde pequeños que debemos hacer (estudiar-trabajar-hipotecarte) parece que está mal.

Pues también te digo que cuando lo consigas, ¡las mismas personas te pedirán que les enseñes! Querrán saber como lo haces. Así que prepárate para fracasar en los intentos que hagas, simplemente plantéate que estás probando cosas hasta que encuentres la correcta, esa la mantienes, y sigues probando cosas hasta que encuentres la siguiente. Tu entorno cuando piense en ti, no se acordará de las cosas que no te funcionaron sino de aquellas que si te funcionan y te permiten vivir mejor que ellos sin tener que ir a trabajar.

"El fracaso derrota a los perdedores, el fracaso inspira a los ganadores".Robert T. Kiyosaki.

7 EL PLAN

Aunque al principio te costará encontrar ideas, con el tiempo irás viendo con claridad nuevas cosas que probar. Tan importante como detectarlas, es apuntarlas, investigarlas y probarlas. Recuerda siempre que el factor más importante a tener en cuenta es siempre el tiempo. Si vas a comenzar a cambiar tu forma de generar ingresos de una manera progresiva, debes tener en cuenta que tu tiempo es limitado, aunque dispongas de mucho tiempo libre. Tan pronto pongas en marcha tu primera fuente de ingresos pasivos, más rápido podrás poner en marcha la segunda, y luego una tercera, hasta que llegue el día que estos generen dinero más que suficiente para vivir bien, y no necesites trabajar para vivir. Si no cuidas el factor tiempo, te encontrarás con que tendrás que dedicar una hora al día a una cosa, otra hora al día a otra, y finalmente llegará el día en que no tengas horas libres para dedicar y te encuentres realmente trabajando. Si alguno de tus proyectos requiere inversión de tiempo todos los meses y no solo para arrancar, en principio no podría ser considerado un ingreso pasivo, sin embargo, puedes crear un negocio de este tipo siempre y cuando te garantice un crecimiento de ganancias exponencial, dedicando el mismo tiempo diario o mensual a dicha tarea. Yo no te recomendaría tener más de una labor de este tipo y tampoco tenerlo antes de haber explotado otras fuentes de ingresos pasivos previamente, pero es una buena fórmula para montar un negocio tradicional cuando tienes la tranquilidad y paciencia para echarlo a andar.

Si el tiempo es el factor más importante (nunca olvides que es lo único limitado) el siguiente punto que debes tener en cuenta es la inversión. Si actualmente tienes un trabajo que te genera unos ingresos que te dan para vivir, descarta la idea de usar dinero que necesitas para empezar estos ingresos. No hace falta.

Muchos ingresos pasivos precisarán de una pequeña inversión para arrancar, pero en muchas ocasiones podrás hacerlo sin precisar inversión, o no más de la que te costaría un par de cafés. Si tienes una genial idea que requiere el desarrollo de una aplicación, y tú no eres informático, es evidente que pensarás que necesitas contratar a alguien, y en principio así es, al menos si no puedes encontrar otras soluciones.

Si tienes un proyecto y hay un área que no dominas y no te ves capaz de hacerlo, busca un socio, un amigo o alguien cercano que pueda hacer esa parte del trabajo y que desee hacerlo contigo, y reparte beneficios con él. Si quieres hacerlo solo, y no puedes permitirte pagar a alguien por el trabajo recuerda que hay varias plataformas de lo que se conoce comúnmente como GIG, o pequeños trabajos que realizan a partir de 5€. Hay dos plataformas en las que puedes buscar diferentes gigs: https://www.fiverr.com/ y https://www.geniuzz.com/

En estos portales podrás encontrar cosas tan variadas como:

Diseño de logotipos, de ilustraciones, portadas de libros, retoque fotográfico, diseño 3D y 2D, diseño de invitaciones, tarjetas de visita, servicios de traducción, posicionamiento para tu web, creación de webs corporativas, creación de tiendas online, creación de currículum, creación de artículos especializados, creación de vídeos, programación en diversos lenguajes, aplicaciones para móviles, consultoras, planes de negocio, diseño de camisetas, soporte informático, eliminación de virus, y un largo etc.

Por último, si quieres lanzarte con un proyecto que requiere una inversión que aún no puedes asumir a pesar de mis recomendaciones, estudia la opción del crowfunding. El Crowfunding es un sistema de aportaciones colectivas para financiar el proyecto empresarial de otra persona. Normalmente a los que colaboran en el proyecto se les ofrece un premio a cambio. Si por ejemplo estás haciendo crowfunding para grabar un disco musical, una vez publicado se le ofrece una copia gratis a cada colaborador. Estos premios pueden variar según la aportación realizada.

Hay muchas plataformas dedicadas al Crowfunding, como http://www.lanzanos.com/ o https://www.verkami.com/ donde podrás exponer tu proyecto con lujo de detalles y recibir aportaciones privadas para financiarlo.

Lo que sí debes evitar ante todo, es la financiación bancaria. Descártala por completo.

8 VEINTE EJEMPLOS DE PASIVOS

1- VENDER EBOOK.

Inversión: ninguna

Si tienes algo que contar, posees años de experiencia en algo, o simplemente eres bueno narrando historias, deberías plantearte si merece la pena pasar dos horas de tu tiempo viendo la tele, o sentado en tu ordenador escribiendo.

La publicación de ebooks es sumamente sencilla. Dedica unas horas cada día a escribir tu libro o novela, y cuando la tengas, revísala y corrige fallos. Prepara las imágenes que quieras agregarle, y maqueta tu ebook. Para ello hay una aplicación llamada Sigil, gratuita, que te hará muy cómoda la labor. Sin embargo si no deseas pasar el trance de la maquetación, recuerda que tanto en Fiverr como en Geniuzz encontrarás personas que te realizarán ese trabajo por un precio de entre 5€ y 20€ dependiendo de la extensión del Ebook.

Prepara una portada atractiva, o pide a alguien que te cree una, y una vez tengas el ebook listo, súbelo a Amazon Kindle. Amazon te sugerirá un precio de venta, y recibirás comisiones a partir de ese día por cada uno que vendas. Si tu ebook vale menos de 3€ recibirás el 25% de cada venta, mientras que Amazon se quedará el 75%. Si en cambio cuesta 3€ o más, Amazon te entregará a ti el 75% y se quedará de comisión el 25%. Amazon permite publicar con un ISBN asignado gratuitamente por ellos, por lo que podrás publicar sin coste y recibir dinero con cada venta.

Si además deseas publicar en papel, la opción correcta sería hacerlo bajo demanda. Hay varias opciones para hacerlo, aunque por calidad, seriedad y precio, sin duda la mejor opción es Createspace. Createspace es una plataforma de Amazon en la que puedes publicar tu libro subiéndolo en PDF y automáticamente te generan la versión Ebook para Kindle, distribuyendo ambas opciones en sus canales de distribución. Cuando alguien quiere comprar tu libro, Amazon lo imprime y encuaderna en tiempo récord, entregándolo en pocos días en casa del cliente, y pagándote a ti tu parte del beneficio sin tener que asumir costes de imprenta o similares.

Si estas interesado, hay bastantes ebooks que tratan sobre el tema.

2- PUBLICAR vídeos EN YOUTUBE

Inversión : ninguna

La plataforma de vídeos Youtube, como seguramente sabrás, permite a cualquier persona subir grabaciones a internet sin coste alguno, para ser visualizados. Google, actual propietaria de Youtube, rentabiliza la plataforma por medio de publicidad. Esta puede ser en forma de vídeos publicitarios que son reproducidos antes del clip que deseas ver, o por medio de banners que salen en la parte inferior del vídeo. Cuando alguien ve dicha publicidad, el propietario del vídeo recibe una pequeña comisión. Así pues, cuanto más visualizaciones recibe un vídeo, más veces reproduce dicha publicidad y por lo tanto, más dinero recibe el autor del vídeo que la genera.

Siendo así es normal que ahora comprendas como hay "youtubers" viviendo solamente de ello.

¿Has oído hablar de "El Rubius"? Si no has oído hablar de este Youtuber Español es posible que algún hijo o sobrino pueda explicarte quién es. Este adolescente, por ejemplo, se calcula que ingresa gracias a sus vídeos unos 21.000$ al mes. Eso sin contar con los ingresos por la publicación de un COMIC y otro merchandising basado en su persona.

Debes tener en cuenta que para poder monetizar un vídeo en youtube debe ser un contenido original, y que no posea audio con copyright. Youtube detecta si suena música y está registrada y si es así no te permitirá monetizar el vídeo. El precio que se te pagará por anuncio visualizado es diferente según el país de procedencia de la visita, y sobre todo no trates de hacer trampa: Youtube lo detectará y te penalizará.

Si te gusta la idea pero no sabes que ofrecer, piensa que las temáticas pueden ser variadas: Desde bromas, y similares (humor) a videoblogs (moda, belleza, etc) comparativas de productos u opiniones sobre estos (de móviles, electrodomésticos etc.) a cursos (de algún tipo de aplicación, de diseño o de aquello que sepas hacer).

3- CREACIÓN DE BLOG Y MONETIZACIÓN POR AFILIADOS

Inversión: muy baja

La creación de un blog es algo de lo que muchos han oído hablar pero pocos saben cómo monetizarla. Un blog abre un gran abanico de opciones de cara a recibir ingresos con él, sin embargo, cualquier intento de monetización pasa por recibir un alto nivel de visitas. Así pues debes tener paciencia y dedicarle tiempo para ganar un número de lectores fieles que te generen dinero.

Debes tener en cuenta que la creación requiere de un posteo de nuevos artículos de forma casi constante, por lo que durante mucho tiempo, no puede considerarse un pasivo. Sin embargo si trabajas bien con el tiempo tu blog será reconocido, y generará ingresos suficientes para tener redactores que hagan dicha labor, y tu podrás vivir de ello.

Por lo tanto yo dividiría el proceso en distintas partes:

1- La idea. Se logran mejores datos cuando se habla o se está especializado en una temática que no es habitualmente tratada por otros blogs. Piensa que si abres un blog sobre moda, hay miles de blogs similares. Intenta diferenciarte, ofrecer algo distinto, piensa en eso que has buscado y no encontrabas y plantéate por qué no ofrecerlo tú. Sin duda el éxito absoluto radica en encontrar una temática que interesa a mucha gente pero que se sabe poco de ella.

2- El contenido. El contenido son los cimientos de tu blog. Si tu contenido es malo, o copiado de otros blogs, el éxito del tuyo es casi imposible. Hay unas pautas que deberías cuidar: selecciona temas para tus artículos que despierten la atención del lector, sigue una estructura correcta que haga amena la lectura, y evita faltas de ortografía.

3- El posicionamiento. No todo es el contenido, otra parte que debes tener en cuenta es el posicionamiento. Para que tu blog arranque deberás recibir las primeras visitas. Para ello es sumamente importante incluirla en los buscadores y lograr un buen posicionamiento. También puedes hacer uso de redes sociales como Twitter o Facebook para compartir tus publicaciones y advertir a tus seguidores.

4- La monetización. Lo más complicado de todo es la monetización del blog. Obviamente un blog con pocas visitas sera poco monetizable, sin embargo una vez que comiences a tener un número de visitas diarias importantes (y para ello es conveniente actualizar tus publicaciones con puntualidad) necesitarás conocer diversas plataformas para sacar un rendimiento económico de tu blog.

Hay otros factores a tener en cuenta, como ofrecer RSS y muchas otras cosas. Lo cierto es que la extensión de la temática da para dedicar un libro completo al tema y de hecho, hay bastantes libros que profundizan en todo detalle en este aspecto.

Si tu blog es especializado debes tomarte muy en serio las campañas de afiliado. Si trata de deporte, puedes destinar algunos de tus artículos a determinados productos, con enlace a tiendas para poder adquirirlos si tu análisis convence al lector. Piensa siempre que este tipo de publicidad se basa en informar con datos precisos al lector, el cual confía en tu criterio y en que no le mentirás. Sé objetivo con tus análisis y tendrás un lector fiel en el futuro. Cuando tu lector, después de valorar tus comparativas de productos se decide a comprar uno de estos, la tienda te dará un porcentaje por venta en unos casos, en otro simplemente por visita que venga de tu blog. Todo depende de la campaña de afiliados. Hay incluso empresas que te ofrecen buscadores y otro tipo de recursos que puedes integrar en tu blog: por ejemplo las agencias de viaje. Si tu blog habla de tu maravilloso viaje a Tenerife, y tu estancia en determinado hotel y lo acompañas con un buscador de determinada compañía, el lector al usar dicho buscador para elegir su destino vacacional llega a la página de la agencia de viajes en cuestión marcado por una "cookie" que define que aquellas compras que haga, deben ser comisionadas en tu persona. Así de fácil.

Si tu blog trata de descargas o enlaza a contenido externo, algunos servicios como ADF.LY pueden servir para monetizar también. Estas páginas sirven de paso intermedio. Cuando hablas de un determinado programa y enlazas a su página para que lo compren o descarguen, envías al lector a esta página, la cual muestra una publicidad durante unos segundos en la pantalla de tu lector, antes de reenviarlo al verdadero destino que desea ver. Esta publicidad repercute en la empresa Adf.LY un beneficio, y esta te comisionará a su vez un porcentaje de éste. Obviamente, cuantas más personas estén interesadas en llegar a dicho enlace, más dinero recibirás.

Google Adsense, es quizás uno de los métodos más populares y seguros que hay. Para usarlo debes darte de alta en la web de google adsense previamente, y luego insertar la publicidad en forma de banner en tu web. De esta forma google insertará publicidad relacionada o de interés al lector, y te pagará cada vez que alguno de estos lectores pinche en dichos enlaces. La optimización y los datos que maneja google sobre nuestras búsquedas hace que afine con una precisión bastante impactante en los gustos y deseos de los lectores lo que produce un mayor número de clicks que en otros sistemas similares.

Hay otros sistemas, como enlaces en palabras claves que quizás sacrifiquen la comodidad del lector por integrar publicidad. Entiende que un exceso de publicidad reducirá tus visitas, lo cual no es recomendable. Las ganancias llegan en un crecimiento de visitas, no sacrifiques en exceso la comodidad del lector en tu blog. Recuerda también que puedes usar otros sistemas e integrarlos en el blog, como por ejemplo, integrar vídeos de youtube en tus publicaciones de tu propio canal. De esta forma también recibirías dinero cada vez que algún lector del blog visualizara la publicidad que precede al vídeo.

En resumen, el blog o la creación de un diario digital, es una gran fuente de ingresos si se logra mantener un tráfico importante, sin embargo precisa dedicación en tiempo para actualizar y redactar artículos, y nuestro objetivo es no tener que trabajar para recibir dicho dinero, no lo olvides.

En el futuro cuando empieces a monetizar debes comenzar a delegar el trabajo en redactores. En plataformas como Fiverr encontrarás muchos redactores que escribirán artículos para tu blog a cambio de un precio, pero aparte puedes valerte de colaboraciones desinteresadas. Si tu blog es conocido es muy fácil lograr que ciertas personas se sientan atraídas a escribir en el artículos por la simple satisfacción de que su trabajo sea leído por mucha gente y por tanto conocido. Intenta reducir tu trabajo en el blog a medida que la monetización de este te lo permita, hasta que el 100% de los artículos sean redactados por otras personas y tú te limites a dirigirlo.

5- VENTA DE FOTOS ISTOCKPHOTOS O SHUTTERSTOCK

Inversión: Ninguna si posees el equipo necesario.

Istockphotos y Shutterstock son dos plataformas de venta de contenido digital. Cualquier plataforma que venda este tipo de contenido tiene la base que necesitas: creas un producto una vez, se vende muchas veces sin tener que hacer nada más ni invertir dinero.

En este caso estas plataformas venden recursos gráficos y fotográficos con derechos de autor. Cuando un editor, diseñador, o similar necesita una fotografía para algún proyecto, no puede arriesgarse a tomarla directamente de google (como un particular habitualmente haría) porque viola derechos de autor que puede caer en demanda y pagos de indemnizaciones extremadamente altas. El contenido digital tiene propiedad, y en este caso estas webs son plataformas en que fotógrafos y diseñadores ofrecen dichos derechos de sus productos a terceras personas.

Si haces fotos de unas texturas de la nieve, o de un precioso amanecer, o de una cara llorosa (con el consentimiento del protagonista obviamente), puedes ofrecer estas fotos en esta plataforma. Un día un creador de videojuegos busca una textura de nieve para uno de sus juegos y compra los derechos de tu fotografía, o un editor compra la foto del rostro lloroso para acompañar uno de sus artículos sobre la pobreza, o una tienda de posters compra tu precioso amanecer para vender posters en su tienda online.

¡Pero no todo es tan sencillo! No sólo necesitas una buena cámara, tener conocimientos de fotografía y salir a la calle a buscar esa imagen que alguien necesitará. Tienes que tener en cuenta que estas plataformas seleccionan a las personas que pueden vender en ellas. Para ello has de enviar tus mejores fotos, normalmente entre 5 y 10, y dicho portal valora tu incorporación. Si no pasas el filtro de calidad, puedes volver a intentarlo después de un tiempo determinado. De esta forma se garantizan mantener un nivel de calidad alto en los productos que ofrecen. Así pues, si tienes un buen equipo y tienes habilidades en el mundo de la fotografía esta es tu mejor opción: no tienes límites de fotos en venta, ni tampoco coste. Cobras cada vez que se vende. Obviamente la plataforma se queda una comisión de lo que vendas, y si es tu hobbie, encontraras una forma de ir aumentando tus ingresos a medida que crece tu oferta en dichos portales.

En el caso de Istockphotos pagan un 15% de royalty por cada archivo descargado con créditos, y un 45% cuando son de colaboradores exclusivos. Para ser colaborador exclusivo tendrías que comprometerte a que tus trabajos solo puedan ser vendidos en su plataforma.

Si tienes dificultades para arrancar con estas dos, puedes empezar con Fotolia, con la cual no has de pasar una prueba para comenzar a distribuir tu trabajo, pero hay más: Creativemarket, Stocksy, 123RF, Dreamstime, GraphicRiver, Bigstock, Canstock...

6- TIENDA ONLINE (DROPSHIPPING)

Inversión: poca o ninguna

El dropshipping es una idea que ya está en auge. Es habitual ver gente vendiendo listas de empresas con las que hacer dropshipping, sin embargo hay varios factores que debes tener en cuenta antes de aventurarte a abrir tu propia tienda ONLINE.

Debes montar una tienda online. Lo más sencillo es usar SHOPIFY o plataformas similares. Shopify es un portal que te permite crear una tienda online sin conocimientos de programación en prácticamente unas horas. Además tiene módulos de integración realmente buenos, para poder vender a través de facebook, listar tus productos en google shopping y muchas otras opciones. Pero no todo son ventajas: el precio de este servicio en su paquete básico es de 30$ al mes (360€ anuales) lo que a mi entender, es algo excesivo cuando comenzamos a adrentrarnos en la creación de nuestros primeros ingresos pasivos.

Otra opción es montar una web en un script tipo wordpress y usar uno de sus plugins para montar la tienda online. Si lo haces en tu propio servidor puede costarte unos 10€ anuales el dominio (nombre de tu tienda.com) y unos 10€ mensuales el hosting (espacio del disco del servidor en la que alojarás tu tienda). En total unos 130€ anuales. También puedes usar los servicios de wordpress.com aunque con muchas menos opciones sobre el control de la web.

Como última opción puedes hacer dropshipping sin web, usando los canales ya creados de venta, como Ebay o Amazon. En estos casos tu inversión es cero.

En el caso de EBAY puedes elegir las ventas en formato puja o precio fijo (que sería lo que te interesaría) y como ventaja tiene que sus comisiones son muy bajas. De hecho Ebay es la plataforma preferida para los que ya hacen dropshipping desde China. El cliente compra tu producto, se espera hasta que te realiza el pago y una vez tienes el dinero en tu cuenta (es recomendable el uso de PAYPAL) realizas la compra del producto en tu proveedor, quedándote el beneficio.

En el caso de Amazon, las comisiones son más altas, además el cliente cuando compra el producto paga a Amazon, no a ti directamente. Amazon realiza los pagos cada 14 días a los vendedores. Así que durante ese plazo las ventas que haces has de costearlas tú en tu proveedor, y posteriormente recuperas el dinero y la ganancia. En un principio y para comenzar, las particularidades de Amazon no son nada favorables para hacer dropshipping, sin embargo hay que tenerlo en cuenta por dos razones importantes: se vende muchísimo más en Amazon que en Ebay. La garantía que ofrece Amazon en su servicio postventa, da una confianza al comprador que no ofrece Ebay, en la que el comprador le da el dinero a alguien que no sabe si realmente es de fiar. Además de esto los márgenes son mucho mayores porque los productos se venden a un precio más alto en Amazon.

Es decir que si tienes un producto que te cuesta 15€

probablemente en ebay no puedas venderlo a mas de 16€ porque habrá más gente como tú ofreciéndolo a unos márgenes muy bajos, y en Amazon quizás no haya nadie ofreciéndolo aún o puede que te encuentres que puedes venderlo a 20€. Y aún así se venderá más en Amazon que en Ebay, siempre desde mi experiencia.

Otro factor interesante que ofrece Amazon, cuando ya tenemos un pequeño stock, es que permite el envio desde sus almacenes. Si envías tu mercancía a sus almacenes ellos se encargan de enviarlo a los clientes bajo "Amazon premium" que ofrece entregas en 24h sin coste adicional en la mayoría de productos. Obviamente el tener depositada tu mercancía y la logística tiene un coste, y Amazon cobra una pequeña cantidad en este concepto.

Por lo tanto Amazon es una excelente plataforma para vender productos que tienes en stock, pero puede generarte problemas con el dropshipping, y sin embargo Ebay es perfecta para hacer dropshipping, pero venderás menos y los márgenes son más reducidos.

El dropshipping tiene un sistema muy básico de funcionamiento. Llegas a un acuerdo con un proveedor y pones a la venta sus productos con un margen de beneficio para ti. Cuando un cliente compra dicho producto en tu tienda online, cobras, y haces la compra en tu proveedor que envía el producto directamente al cliente. No pasa nunca por tus manos: cobras primero y compras después.

Cuando yo monté mi tienda de dropshipping negocié con un proveedor distribuidor en mi localidad, monté una tienda online conectada a su base de datos y me limité a posicionarla.

¿Por qué lo hice así? Si logras que un proveedor te deje conectar a su base de datos o te envíe diariamente un fichero con el stock, no tendrás que renovar los productos, añadir fotos, calcular precio etc. Simplemente cada día tendrías que importar dicho fichero (o no hacer nada en caso de que te permitan conectarte a su base de datos de catálogo) y con el margen de beneficio configurado en tu tienda todos los productos y precios quedarían actualizados al instante. Además el proveedor, sabiendo que iba directamente a un cliente mío, se limitaba a empaquetar el producto esperando a su recogida por el mensajero, sin incluir en él facturas o referencias a su empresa.

Recuerda que el objetivo es trabajar lo menos posible, el tiempo es dinero, si puedes lograr automatizar algo para que tú no tengas que hacerlo diariamente entonces no lo dudes. Evita en la medida de lo posible aquello que te haga trabajar cada día por un tiempo indeterminado. Tanto shopify como una tienda online montada por ti, te permite importar los productos desde un fichero enviado del proveedor.

Es muy común y extendido el dropshipping desde tiendas chinas. El sistema es siempre parecido a este:

Vas copiando el contenido de estas tiendas como productos en venta en Ebay. Cuando se produce una venta, cobras, haces la compra en la tienda china correspondiente, checkeando la casilla adecuada o alertando que es dropshipping para que no incluyan su factura y la empresa envía el producto. El producto tarda aproximadamente un mes en llegar al destino si el envío se realiza desde Asia mediante correo ordinario.

Personalmente no me gusta este tipo de dropshipping porque tiene una característica principal que rompe con mi filosofía: hay que añadir productos y actualizar precios casi a diario, lo cual requiere de bastantes horas al día de trabajo, el día que no lo haga no voy a vender. Así pues no lo considero un ingreso pasivo.

Por eso consideré la posibilidad de un proveedor de mi localidad. Para empezar yo controlo el envío. Negocié el trato directamente con la mensajería que los haría, y me cobran los envíos a mes vencido, lo que me aporta liquidez de los ingresos en dicho concepto durante ese mes. Aparte hago entregas en 24h y 48h en cualquier parte del país, y no preciso actualizar los datos del stock. En definitiva, la tienda empezó a vender prácticamente sola y yo no dedicaba ni un minuto a ella.

Pero hay un punto que en su momento yo no tuve en cuenta, y que deberías tenerlo, y que en su momento me supuso valorar cerrarla: el servicio de atención al cliente y post-venta.

Cuando realizas pocas ventas te das cuenta de que no hay ningún problema, el ingreso que recibes no es mucho, pero la dedicación es nula. Unos minutos al día cuando recibes un pedido para reenviárselo al proveedor (normalmente un reenvío del email desde el mismo móvil, por querer revisarlo dado que hasta eso puede automatizarse). Pero pronto el sistema comenzó a funcionar y empece a recibir peticiones de asistencia de los clientes: un producto que llegó mal, un envío que la mensajería no había entregado cuando debía, etc.

Entonces realicé un cálculo del beneficio y de lo que me costaría una persona para tratar esos problemas. Sencillamente yo no puedo dedicar mi tiempo a esto, porque convertiría la tienda en trabajo, y no es lo que yo buscaba. Tendría beneficios, sí, pero no dejaría de ser un sueldo: el día que yo no trabajara, los clientes no tendrían asistencia y la tienda tendría que cerrarse. Dado que en mi situación particular ya tenía otros ingresos pasivos que me aportaban más ingresos que no deseaba descuidar durante un tiempo indefinido, opté por cerrar la tienda y centrarme en otros que no me requerían tiempo.

Sin embargo, si en tu caso este es tu primer proyecto y no tienes trabajo (o tienes a alguien cercano que puede encargarse de esta labor, un cónyuge por ejemplo, sin ocasionarte un gasto adicional) te recomendaría que siguieras adelante. Cuando el beneficio de ventas supere al coste de contratación de una persona dedicada a tal fin, contrátala para evitar dedicar más tiempo a ella, y ya tendrás tu primer ingreso pasivo creado.

Un último dato a tener en cuenta: debes darte de alta. Para poder comprar en un proveedor español debes estar dado de alta como actividad económica, esto requiere obviamente el pago de unos seguros sociales y una cuota de autónomo. En otros países las cuotas de autónomo son menores que en España, así que iniciar esta actividad requiere que tengas en cuenta dichos gastos iniciales que te supondrían una perdida. Si tu caso es como el mío, que ya era autónomo, obviamente esto ya no es un problema.

También es cierto que mucha gente que realiza ventas por Ebay, comprando de china no está dada de alta. Legalmente (y no está demasiado claro) en España una persona no necesita darse de alta como autónomo hasta que no facture más del salario mínimo mensual. Al menos hay jurisprudencia al respecto. Esto es aproximadamente unos 645€ al mes. En el momento en que tus ventas superen esta cantidad deberías darte de alta inmediatamente para no estar defraudando a Hacienda pero dadas las lagunas a este respecto te recomiendo lo consultes con un asesor o directamente con hacienda.

La creación y gestión de tiendas online, pasarelas de pago, promoción, y demás formulas son contenido suficiente para un libro completo sobre ello, y de hecho encontraras muchos disponibles.

7- VENTA EN CLICKBANK (CURSOS, EBOOKS, GUIA, SOFTWARE..)

Inversión: Poca

Clickbank es una plataforma de venta de contenido digital. Dentro de clickbank hay 2 roles principales: el de vendedor y el de afiliado.

El Vendedor es el perfil que engloba a los creadores de productos digitales. Si eres experto en alguna materia y tienes un producto digital listo para comercializar, puedes publicarlo con clickbank y esta se encarga de cobros y pagos.

El vendedor necesita pagar 50$ para tener el perfil de venta, tener su producto, la carta de venta, y la página de descarga de su producto.

Clickbank se compromete a ofrecer tu producto a miles de afiliados los cuales se encargarán a su vez de recomendarlo entre sus visitas. Cada vez que estos afiliados logran distribuírlo, reciben una comisión del importe de la venta de tu producto. Clickbank se encarga de cobrar por la venta, pagar a los afiliados por su comisión y entregarte la parte restante.

El Afiliado es la figura más popular en clickbank, dado que no necesitas ser un creador de productos, sino comercializar los productos de terceras personas. El afiliado dirige su tráfico hacia la página del vendedor. Una vez que alguien compra, clickbank divide el dinero entre el vendedor y el afiliado. De esta forma, si un afiliado promociona un curso de retoque fotográfico, y su tráfico va a la página del vendedor de dicho curso, si se realiza la venta, el vendedor y el afiliado se reparten el dinero de la ganancia.

En clickbank puedes encontrar cursos, ebooks, guías, software etc. Por ejemplo, si eres un manitas arreglando ordenadores, puedes coger una cámara, grabar y editar un curso de reparación de ordenadores. Una vez montado, subes el vídeo a esta plataforma y lo pones a la venta. Los usuarios que están interesados en hacer tu curso, pagan por él, recibiendo tú la cantidad menos el porcentaje que se queda la plataforma.

La ventaja que tiene este tipo de plataforma, es que creas el contenido una sola vez. Una vez colgado en la red, cada vez que alguien desee hacerlo tú recibirás el dinero, aunque hayan pasado meses desde que lo subiste o incluso años.

Piensa qué puedes ofrecer, qué se te da bien, cuál es tu fuerte. ¿Manualidades?, ¿fotografía?, ¿retoque fotográfico?, ¿diseño 3D?, ¿tocar algún instrumento?. Sea lo que sea, ¿por qué no te animas a grabar un curso y ofrecerlo a gente que quiere aprender? No pierdes nada, ¡solo ganarás por cada vez que alguien se interese en él!

Aunque también puedes distribuir aquí tu ebook, personalmente pienso que la mejor opción es Amazon por la salida y potencial de clientes que tiene en este sector. No obstante la venta de cursos y videotutoriales funciona francamente bien en esta plataforma.

Si eres programador no descartes la venta de scripts que realizan tareas concretas que puedan ser adquiridos por otros programadores, o tus pequeños programas.

Si has optado por montar un video tutorial, busca un lugar donde hablar a la cámara (si deseas salir explicando partes del contenido) y combina con imágenes de lo que estés explicando. El potencial del vídeo radica en ver el proceso, no lo olvides.

Si has optado por ser Afiliado, busca productos de los vendedores que puedas ofrecer y logra clientes para estos productos.

Realmente si tengo que hacerte una recomendación, pienso que ser Vendedor se ajusta más al modelo que seguimos que el de afiliado. La tarea de afiliado conlleva un trabajo continuo para captación de tráfico y ofrecer distintos productos. En cambio la creación de un producto digital solo conlleva el tiempo que se tarda en crearlo. Posteriormente, solo debes dejar que sean otros (los afiliados) los que trabajen para generar las ventas para ti. En este caso, sería un ingreso pasivo el generado por el vendedor, pero activo por el afiliado. Aún así si posees un blog especializado y quieres monetizarlo, ser afiliado puede ser una excelente opción.

Las comisiones son altas, entre el 50% y el 70% de comisión van a los afiliados, por eso hay tantos. Sin embargo, el modelo que realmente te interesa a medio y largo plazo, recuerda, es sin duda hacerte vendedor de tu propio producto digital.

8- CREACION DE APPS PARA MÓVILES

Inversión: Poca

Con la aparición de los smartphone, especialmente las plataformas Android y los iPhone, ha nacido una economía que mueve miles de millones al año en todo el mundo. En Apple Store y Google Play existe más de un millón y medio de aplicaciones. La venta de aplicaciones es una de las principales fórmulas de ingresos pasivos: se trabaja en un producto, y una vez acabado, se distribuye generando ingresos pasivos para el resto de años sin tener que hacer nada más.

Se calcula que los ingresos del sector de las APPs, supera

los 46.000 millones de dolares. En 2015 se descargaron cerca de 20 billones de apps. Lo más curioso de esto es que el boom de las apps acaba de empezar.

Hay tres fórmulas principales para ganar dinero con una APP para móviles.

-Venta de la app: El usuario realiza una compra por la aplicación una sola vez, que le otorga licencia de uso. Aunque esta es la opción mas clásica no suele ser la recomendada. Los usuarios son reacios a comprar aplicaciones, sobre todo, si no las han probado antes, aunque en algunos casos puede ser la mejor opción. Lo habitual es ofrecer en paralelo una versión gratuita con un mínimo de opciones para ser probada, o un período de prueba de cara a fácilitar la venta. Los usuarios de Apple Store están mas habituados a pagar por aplicaciones que los usuarios de Google Play.

-Venta in app: El usuario se descarga gratis la app, pero ha de pagar por servicios añadidos dentro de ella, mejoras o características especiales. Este formato es el que mayor número de ingresos proporciona. El usuario una vez está habituado a la aplicación y está contento con su uso, compra determinadas características que le interesan, o en el caso de los juegos compran determinados packs de ayuda que le fáciliten avanzar en sus partidas. Es muy usado en los juegos en la actualidad, pero también aplicaciones como Dropbox, Skype o Evernote han apostado por esta forma de monetización de las aplicaciones.

-Suscripción in app: El usuario se descarga gratis la app, pero ha de pagar una suscripción mensual para gozar del servicio "premium" con todas las características habilitadas. Esta opción suele ser la preferida para diarios y revistas, pero también por muchas otras aplicaciones. Skimble Workout, es una app de entrenamiento personal, con ejercicios para trabajar las diferentes musculaturas. La aplicación es gratuita, pero si deseas seguir un programa completo durante semanas (para quemar

grasa, fortalecer determinados músculos, o correr determinada distancia) la aplicación ofrece programas realizados por entrenadores expertos. Para poder disfrutar de todos estos entrenamientos y acceder a la comunidad, has de suscribirte y pagar una mensualidad de aproximadamente 5€ que te da acceso a todo este tipo de servicios añadidos.

-App gratuitas con publicidad: La aplicación es totalmente gratuita pero genera ingresos en base a publicidad, bien del tipo de banners, o bien ofreciendo servicios extra de otras empresas o recomendando instalaciones de aplicaciones de terceros. Genera menos ingresos que otras opciones, pero hay que tener en cuenta que un exceso de publicidad hace que los usuarios no usen la aplicación. Aplicaciones como Fintonic, que están orientadas a ofrecer un balance de las finanzas personales, ofrece publicidad integrada en modo de consejo. Por ejemplo, ofrece alternativas de seguros, o de fondos de pensiones, para mejorar la cuota del usuario, al mismo tiempo que reciben ingresos por comisiones de los servicios ofertados. De esta forma mantienen una aplicación al 100% gratuita, sin ofrecer molestos banners publicitarios.

Obviamente, si poseemos conocimientos de programación, partimos con ventaja en este ámbito, sin embargo no es siempre necesario.

Si no posees conocimientos debes saber que hay diferentes plataformas que te permitirán crear aplicaciones y comercializarla sin tener conocimientos de programación. Estas plataformas tienen ciertas y lógicas limitaciones, y cobran una mensualidad dependiendo del servicio y la plataforma. A continuación veremos algunas de estas plataformas:

Creapp.

Es uno de los portales de creación de apps mas sencillos de usar. Posee un motor visual para crear aplicaciones en pocos pasos, también ofrece plantillas personalizadas. Una vez finalizado podrás exportar en HTML5, Android e iOS. En el primer caso, si deseas comercializar tu aplicación el coste será de 19€ al mes, mientras que para hacer tu aplicación compatible en las tres plataformas, la cuota asciende a 59€.

Apps Builder

Es otra plataforma de creación de aplicaciones para móviles. Su asistente permite capturar el contenido de una página que ya tengamos en funcionamiento, sobre la que desarrolla una aplicación base que puede ser modificada posteriormente agregando y quitando contenido. Posee una galería de plantillas, y diferentes módulos: chats, mapas, radio, llamadas etc.

Apps builder permite compilar tu aplicación en HTML5, iOS, Android, Windows Phone, y Windows 8. Además ofrece un período de prueba de un mes. Si te convence el servicio sus tarifas van desde los 15€ a los 149€ al mes dependiendo de los servicios que desees contratar.

Mobincube

Completo generador de aplicaciones multiplataforma que permite un nivel de personalización realmente alto respecto a otras alternativas. Mobincube usa un entorno sencillo e intuitivo, permite compilar las aplicaciones para iOS, Android, HTML5, Blackberry y windows Phone. Además ofrece un útil servicio de monetización para gestionar la integración de anuncios en la aplicación por medio de banners.

App Machine

App machine es un portal de creación de aplicaciones nativas. Su metodología es sencilla: a partir de tu sitio web, cuenta de redes sociales o canales de youtube, construye automáticamente una aplicación base. Posteriormente podrás modificar el estilo, cambiar imágenes, o usar las diferentes plantillas de navegación que ofrece. App machine permite, con la suscripción PRO, crear tiendas online, conectar a servicios web externos, y ofrece un completo resumen de estadísticas de uso de la aplicación.

Ofrece dos tipos de suscripción: Plus de 39€ al mes, y Pro, de 59€ al mes.

Octopusapps

Sencilla plataforma con la que puedes tener una aplicación lista en pocos pasos. El coste para la creación de la aplicación es gratuito pero con publicidad, hasta llegar a un máximo de 50 descargas. A partir de aquí, ofrece el paquete plus de 9€ al mes, que permite hasta 500 descargas, y el paquete PRO de 29€ al mes, que permite descargas ilimitadas, y elimina toda la publicidad de la aplicación (o permite insertarla pero para beneficio del creador de la aplicación). La versión PRO también permite integración con tiendas online.

Montatuapp

Montatuapp es una plataforma de creación de apps, que ofrece entre sus características la gestión de notificaciones push, gestión de eventos, etc.

Entre sus servicios tiene la licencia gratuita, y diferentes planes de entre 15€ y 45€ al mes.

TU-APP.net

Tu-app.net es una plataforma que ofrece mas de 55 funciones para la creación de aplicaciones 100% nativas para iPhone, iPad, Android y HTML5. Incluye sistemas de fidelización, opción de creación de tienda online con pagos integrados con paypal y google checkout, gestor de reservas, mensajes geolocalizados, gestor de pedidos, calculadora de hipotecas, etc.

Sus licencias van desde los 29€ al mes, con publicación para Android, hasta 45€ al mes, en caso de iOs + Android. También realizan aplicaciones a medida.

Estas no son las únicas opciones, cada día nacen más portales que permiten crear una aplicación para móviles sin tener conocimientos de programación. La desventaja, sin embargo, es el coste mensual para poder comercializarlas, dado que este es un ingreso pasivo para estas empresas.

Si estás interesado en una idea que crees que puede darte ingresos, y no deseas usar estas opciones puedes aprender a programar tu mismo, asociarte con alguien que pueda realizar la programación, o bien presupuestar su programación y buscar financiación para costearla.

En el portal *UDEMY* puedes encontrar diversos cursos sobre programación de aplicaciones para dispositivos móviles (de pago pero de muy bajo coste). También hay muchos cursos disponibles.

Si tienes una idea, ¡lánzate con ella! Este es sin duda uno de los grandes nichos del futuro.

9- CREACION DE WATCH FACES PARA SMARTWACH

Inversión: Ninguna

La aparición de los Smartwatch (relojes inteligentes) ha abierto un mercado en la customización de dichos dispositivos. Sus usuarios descargan esferas que cambian el aspecto de su reloj. Sin embargo las mejores son de pago. Un pago sin duda muy económico, pues su precio va desde algunos céntimos a 3€ en el peor de los casos.

Si eres habilidoso con Photoshop, no te será complicada la parte gráfica. Una bonita esfera, bonitas agujas, aspecto digital... cualquier idea que tengas puedes adaptarla. Si te preguntas cuántos ingresos puede llegar a generar, puedes hacer un cálculo entrando a Google Play y mirando los diferentes watchfaces de pago. Por ejemplo, en el momento de escribir esto, he seleccionado un Watchface llamado Minimal & Elegant. Su precio es de 1,59€ y tiene más de 50.000 descargas. Esto hace aproximadamente unos 80.000€ en total. Si dedicaras un mes en realizar un watchface, 80.000€ sería una cantidad más que suficiente para amortizar dicho mes de trabajo, ¿cierto?

Sin embargo no es todo tan sencillo: La creación de un watchface tiene una parte de programación y es aquí donde se complica la cosa. Si tienes esos conocimientos no te costará encontrar información sobre la API de google, pero si no es así no está todo perdido:

Watchmaker

Watchmaker es una sencilla aplicación que te permite crear de forma visual y sin conocimientos, tus propias esferas. Una vez creada, te permite exportar tu diseño y comercializarlo en Google Play. Ojo, para poder usarla los usuarios tienen que tener instalado el Watchmaker, así que debes advertirlo en la descripción cuando lo comercialices.

Si quieres ver un ejemplo de esfera comercializada y creada con este programa, puedes buscar *"Material Watchmaker Watchface"*. Su coste es de 1,65€ y en el momento de escribir esto, superaba las 1000 descargas.

10- VENTA DE TEMPLATES O DISEÑOS

Inversión: Ninguna

Si tienes habilidades con el diseño de páginas webs, quizás deberías evaluar la posibilidad de comercializar plantillas. La venta de templates es un negocio altamente competitivo, pero cómodo (se puede realizar desde casa).

Monstertemplates y Themeforest, son dos conocidas plataformas en las que podrás comercializar plantillas para wordpress, html, diferentes plataformas de eCommerce, etc.

La venta de cada template supera los 50$ por unidad en

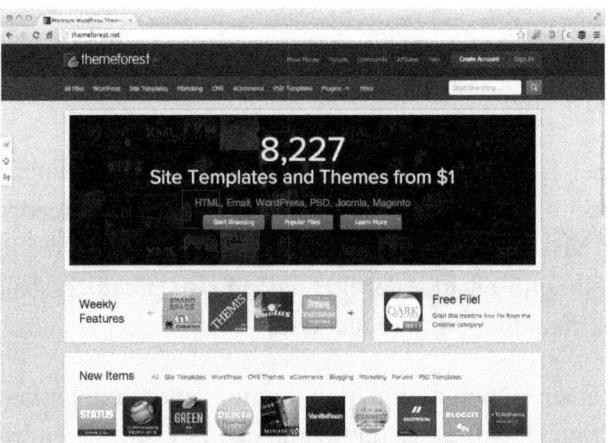

caso de plantillas de eCommerce, y entre 20$ y 80$ en caso de plantillas de wordpress. Sin embargo la licencia no impide, una vez comprada la plantilla, que esta se siga vendiendo. De esta forma una sola plantilla se puede vender una, diez, o quinientas veces generando un ingreso pasivo al creador.

Estas plataformas también incluyen la opción de la compra en exclusiva del template. La licencia en estos casos supera los 4000$, y el creador dejaría de vender inmediatamente dicha plantilla.

La venta de plantillas es una opción cada vez más popular entre los creadores de webs. Mientras que la creación de una web puede requerir de un largo período de tiempo (entre 5 y 15 días), la compra de una plantilla atractiva supone un pequeño coste y un ahorro de tiempo considerable.

Otras plataformas en la que comercializar tus plantillas pueden ser, Jungle Tango o Milplantillas.

11- *Inversión EN FOREX SOCIAL*

Inversión: Recomendable 2000€

Forex, es la abreviación de Foreign Exchange, o Cambio de divisas y se utiliza para describir el trading en el mercado de divisas. Se basa en la fluctúación en el precio de las distintas divisas comprando en una de ellas cuando su precio es bajo y vendiéndola cuando es alto o viceversa.

Forex es un campo amplio que requiere unos conocimientos para invertir en él. Esto lleva un tiempo obviamente, sin embargo existe la posibilidad del Social Trading que permite que pequeños Inversiónistas puedan invertir y lograr grandes beneficios con pocos conocimientos de trading.

El secreto de los grandes beneficios en el mercado del forex radica en el apalancamiento. El apalancamiento es el instrumento que permite lograr unos grandes porcentajes de beneficios, si bien pueden ser peligrosos: igual que se puede ganar mucho dinero se puede perder en la misma proporción.

El apalancamiento es un crédito virtual que nos permite negociar con el dinero de nuestro broker. El apalancamiento más habitual en Forex es de 1:100, esto significa que por cada euro que ponemos, el broker nos presta 99. De esta forma, si tenemos una cuenta con 3000€ podríamos hacer operaciones como si tuviéramos 300.000€ lo que nos permitiría obtener mayores beneficios. Si una divisa sube un 3%, obtendríamos el 3% de 300.000€. En caso de que nuestra operación fuera en pérdidas solo perderíamos hasta el total de nuestro dinero. Cuando la operación se pone en negativa por el importe de nuestro dinero, esta operación se cierra, no quedando a deber dinero.

Gracias al apalancamiento financiero los pequeños inversores pueden lograr grandes proporciones de beneficios. El secreto del Forex radica en limitar las operaciones con pérdidas y dejar que corran las que producen ganancias.

El Stoploss y el Takeprofit son dos herramientas necesarias para cerrar las operaciones de forma automática, pero en principio, si vas a hacer Forex social, no lo vas a necesitar. El Stoploss te permite que si una operación va en sentido opuesto al que creías, esta se cierre al llegar a una cierta cantidad de pérdida. Esto impide que se dispare arruinándonos. Saber perder poco dinero es tan importante como saber ganarlo. El Takeprofit por el contrario hace que cuando las ganancias lleguen a un tope, se cierre la operación con las ganancias esperadas.

Imaginemos que abres una operación EUR/USD, de compra y otra de venta, en ambas pones 100 pips de stoploss (esto significa que cuando baje 100pips en contra esta operación se cierre) y 300 pips de Takeprofit (cuando esta operación de 300 puntos de beneficio se cierre). Si por ejemplo el par comienza a bajar alcanzará los 100 pips en negativo en la operación de compra, perdiendo el dinero correspondiente a 100 pips, pero al mismo tiempo estarías ganando 100 pips con la otra operación por lo que no estarías perdiendo nada de dinero, y 200 pips más se cerraría la operación de venta. Tendrías una operación con pérdida de 100 pips y una de ganancia de 300 pips, lo que te dará 200 pips de beneficio. También es común usar el trailing stoploss, esto hace que cuando la operación esté yendo a tu favor, el stoploss se actualice a determinado número de pips del mejor resultado que se ha alcanzado. De esta forma puedes aprovechar la tendencia, y cuando esta cambie de dirección, salta el stoploss, cerrándose la operación y alcanzando el mayor número de beneficio posible. El secreto en definitiva está en alcanzar el máximo recorrido en las operaciones que dan beneficio, y limitar la pérdida en las que dan perdidas.

El Forex es una materia bastante extensa que requiere un libro para ella sola, y apenas puedo tocar muy por encima los conceptos básicos. Sin embargo la idea es que no necesites conocer más que estos conceptos básicos para operar gracias al Trading Social.

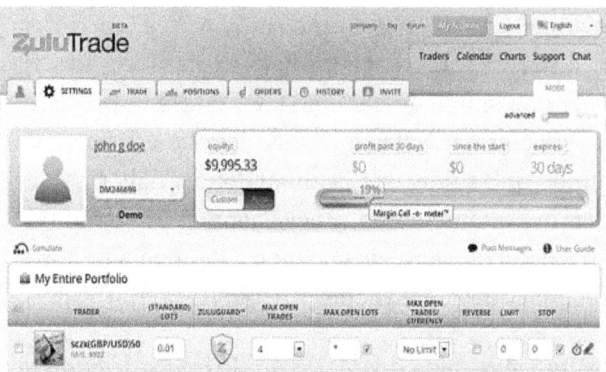

Zulutrade es una plataforma de forex y operaciones binarias. Mi consejo: huye a toda costa de las operaciones binarias, es una excelente forma de perder todo tu dinero. El Forex sin embargo, es a mi entender diferente.

En zulutrade podrás crearte tantas cuentas demo como desees. Tómate tu tiempo y paciencia para conocer la plataforma y operar con ella hasta que la domines. Hasta que no veas que ganas siempre con tus cuentas DEMO, no te abras una cuenta en un broker con dinero real.

Una vez tengas la cuenta demo tendrás que elegir en el listado de TRADERS a aquellos que deseas seguir, y es cuando comienzas a seguirlos, cuando copias todas sus operaciones. Es decir, cuando él abre una operación tú la abres también, y cuando él la cierra tú también la cierras. De esta forma, si eliges a cinco traders que generan grandes beneficios tu obtendrás también los beneficios de sus operaciones.

Ten en cuenta tu Margin Call -o- meter. Es recomendable que no exceda del 100%, más de ahí te arriesgas a perder tu dinero al no poder aguantar las operaciones negativas abiertas.

Usa la opción de SIMULAR. Esto te permite realizar una simulación de tu configuración con los traders que estás siguiendo durante un tiempo determinado, sabiendo cuánto puedes ganar aproximadamente con dicha configuración.

Renta variable es el saldo que tendrías si se cerraran todas tus operaciones en este momento, Saldo es el dinero que tienes en tu cuenta con las operaciones ya cerradas. PnL es la ganancia que llevas acumulada.

Margen libre es el dinero que aun puedes usar para abrir operaciones o sostener las que tienes abiertas. Si tu margen libre llega a cero, todas tus operaciones se cerrarán como estén (si llegan a cero perderás casi todo tu dinero, así que no abras demasiadas operaciones que no puedas sostener)

Para comenzar a operar con dinero real en Forex, tienes que abrirte una cuenta con un Broker. Si quieres comenzar con poco dinero, los siguientes brokers te permiten abrir una cuenta con tan solo 400€: AAAFx, FXCM, Pepperstone y ICMarkets. AAAFx es el broker que menor comisión cobra, solo 0,5 pips por operación. De cualquier forma no te recomiendo empezar con menos de 2000€. 3000€ es la cantidad ideal para poder ganar dinero de forma más fácil.

Te animo a que abras una cuenta demo y comiences a "jugar" en esto del forex eligiendo a los mejores traders, dejando de seguir aquellos que te hagan perder dinero hasta que logres una configuración que te aporte buenos beneficios constantes.

12- *Inversión EN BOLSA Y COBRO DE DIVIDENDOS*

Inversión: Alta

Invertir en Bolsa es algo que es cada día mas accesible gracias a Internet. Hay muchos simuladores de inversión bursátil, en los que podemos practicar y aprender con dinero ficticio en el mercado real. De esta forma solo entraremos cuando estemos realmente preparados.

El principal inconveniente de la inversión en Bolsa (no especulación) es que proporciona ingresos a largo plazo y si tienes bastante dinero.

La bolsa virtual es una página referencia: permite realizar Inversiónes de simulación en bolsa, competir con amigos, realizar todo tipo de operaciones, y ofrece cursos de inversión. Es un servicio gratuito.

Si posees gran cantidad de dinero para invertir en Bolsa, no tendrás problema para encontrar diferentes opciones de inversión. El problema llega cuando no tienes nada de dinero para comenzar. Normalmente la mayoría de la gente desiste de informarse porque no tiene dinero, pero ignoran las ventajas de invertir con interés compuesto.

Para invertir con interés compuesto hace falta tener la posibilidad de disponer de una pequeña cantidad de dinero al mes, invertirlo, re-invertir los intereses que te aporta, y volver al primer punto.

Para invertir con interés compuesto, habría que seguir los siguientes pasos: buscar un broker que cobre la mínima comisión posible, actualmente hay varios broker lowcost, Degiro, por ejemplo lleva pocos años de implantación en España y con sus comisiones mínimas está ganando gran cuota de mercado, a continuación, hay que aportar cada mes una pequeña cantidad de dinero y comprar acciones que tengan un buen reparto de dividendos, y un potencial de revalorización. Cuando recibamos los dividendos no debemos tocarlos: debemos reinvertirlos en más acciones, y repetir este proceso constantemente.

La inversión con interés compuesto tiene un potencial tremendo. Imagínate que tienes 10.000€ y obtienes un 5% de interés anual. Eso te habrá dado 500€. No parece mucho en un año, pero si los reinvertimos, el segundo año tenemos 10500€, el tercer año 11025€... en unos 20 años habrías obtenido unos 25.000€. A esto tendrías que sumarle la revalorización que pueda haber tenido tu cartera.

Hay bastantes libros que entran en profundidad en la inversión con interés compuesto. Traza tu estrategia, y reduce tus gastos mensuales para tener capacidad de ahorro y comienza.

13- ALQUILER DE PLAZA DE GARAJE

Inversión: Alta

Comprar una plaza de Garaje es una opción para recibir ingresos pasivos, que requiere una inversión previa. Si compras una plaza de garaje en tu ciudad, pongamos que compras una plaza de garaje en Madrid por 9000€. Posteriormente lo alquilas a 65€ al mes, tardarías 11 años en amortizar lo invertido. A partir de aquí tendrías una plaza que te daría beneficio. Si financias la compra de la plaza a 15 años, el banco pagaría tu plaza, y el alquiler de la plaza, pagaría al banco. Es un modelo de inversión a largo plazo, que no me atrae especialmente. Podría verse como un pasivo si encuentras una oferta muy económica en una zona de la ciudad en la que es difícil aparcar, siempre y cuando pagues su coste en un período corto de tiempo. Estudia el precio de la plaza, y el precio de alquiler en la zona. Haz tus cuentas.

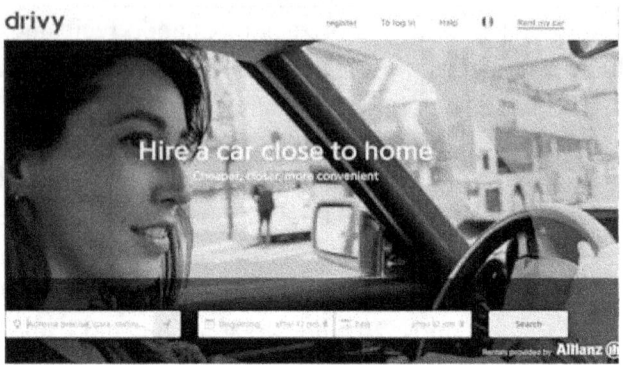

14- ALQUILA TU VEHICULO (DRIVY / SOCIALCAR)

Inversión: Ninguna

Drivy es una plataforma de alquiler de coches particulares. Si posees un coche que no sueles usar, puedes dejar que este te genere algo de dinero. A través de esta plataforma por ejemplo puedes ofrecer tu Renault Clio por 35€ al día. Los rangos varían según la marca de coche y su antigüedad, entre 20€ y 120€ en coches de gama alta.

En la web de Drivy te aseguran que puedes ganar unos 150€ a la semana alquilando tu vehículo. Poseen un seguro especial con Allianz, que cubre casos de robo, accidente o avería. Drivy se queda una comisión del 30% de cada alquiler.

Si no usas tu coche o tienes dos vehículos en casa, quizás puedas estudiar esta opción que te genera ingresos extras.

15- COMPRA Y EXPLOTACION DE MAQUINAS EXPENDEDORAS

Inversión: Variable

Los negocios de Vending te permiten crear una oferta de productos sin precisar de personal para realizarla. El proceso se basa en comprar o alquilar máquinas de vending y ofrecer productos en ellas. Si tienes un local a nivel de calle es una buena opción. Hay muchas empresas que te fácilitan la instalación de estas máquinas financiándolas o poniendolas y dándote a ti un porcentaje de las ventas. En este último caso el beneficio es menor, pero te garantizas no necesitar dinero para invertir.

16- VENTA DE SEGUROS (AFILIADOS)

Inversión: Poca

La venta de seguros es un trabajo relacionado con los ingresos pasivos. Si bien precisas de un trabajo constante para hacer una amplia cartera de clientes, estos van renovando cada año generando nuevos ingresos. Para vender seguros no hace falta trabajar como comercial en una agencia, bastará con hacerte afiliado a una aseguradora, o mucho mejor: a un buscador de seguros.

Teniendo a estas empresas que te ofrecen comisión cada vez que lleves a un cliente, la creación de un portal de venta de seguros (comparativa o con información) se transforma en una oportunidad de negocio que nos dará mayor beneficio cuantas más visitas de calidad logremos atraer a nuestro portal.

Rastreator es un conocido buscador de seguros que ofrece la opción de convertirte en afiliado. De esta forma aquellos clientes que usen tu web para comparar seguros y contratar uno de ellos te aportarán a ti una comisión. Rastreator ofrece actualmente seguros de coches, moto, hogar, salud, vida, mascotas, y de viaje.

iAhorro es un comparador de seguros de salud y de vida, que te ofrece comisiones por aquellos usuarios que se registren (entre 2,5€ y 3€ por cada registro)

Euroads ofrece programa de afiliación de seguros de salud. Actualmente puedes encontrar seguros de Sanitas y Adeslas entre otros, ofreciendote una comisión de 2,30€ por cada registro que llegue desde tu página web.

Zanox ofrece diferentes seguros de coches, como AXA, Direct seguros, Linea directa o Divina pastora.

Una buena promoción puede atraer gente, que si ve que puede ahorrarse dinero en su seguro con alguna de las ofertas que aparecen desde tu página, te irá generando comisiones sin la necesidad de dedicar tiempo.

17 – AGENCIA DE VIAJE ONLINE

Inversión: Poca

Montar una agencia de viajes puede suponer unos costes que no estés dispuesto a valorar. Además este no sería un ingreso pasivo, pues si un día no abres la oficina, no vendes.

Sin embargo eso no impide que puedas dedicarte a la venta de billetes de avión. Para ello debes buscar proveedores de afiliación que permitan a particulares y no tengan coste de alta.

Los siguientes programas de afiliado te permitirán crear tu propia página web de venta de vuelos y vacaciones. Es decir, montar tu propia agencia de viajes en internet sin serlo realmente:

En Atrapalo.com, puedes darte de alta desde su web y te ofrecen hasta un 40% en comisiones por venta. Te ofrecen banners que redirigen a su página.

Bravo fly, te ofrece su servicio de afiliados a través de Zanox. Te dan 9€ por cada reserva que se tramite desde tu web, te ofrecen formularios de búsqueda para incrustar en tu propia web y banners.

Barceloviajes, te ofrece su servicio a través de la plataforma Tradedoubler. Las comisiones van hasta los 20€ y ofrecen formularios de búsqueda de hoteles, paquetes vacacionales, cruceros, billetes de tren, alquiler de coches etc.

British Airways ofrece su servicio a través de Tradedoubler, y dan hasta un 5% de comisiones por cada reserva. Ofrecen formularios de búsqueda, banners y enlaces de texto.

Cheap&Go, ofrece su programa de afiliados a través de su página web. Solo ofrecen banners publicitarios.

Destinia.com es uno de los más populares. Ofrecen hasta el 50% de la comisión que recibe Destinia con cada reserva. Ofrecen formulario de búsquedas para hoteles.

Edreams ofrece su programa a través de tradedoubler. Las comisiones llegan hasta los 14€ según el producto, y ofrece formularios, banners y enlaces de texto. Puedes ofrecer hoteles, paquetes vacacionales, vuelos y billetes de tren.

Iberia.com te ofrece hasta 3,85€ por reserva de vuelo que se haga por clientes llegados a través de tu página web.

Lastminute.com ofrece un 6% de comisión por reserva, ofrece formularios de búsqueda, y tiene todo tipo de productos: hoteles, paquetes hotel + vuelo, vacaciones, escapadas, alquiler de coches y regalos.

Logitravel ofrece su programa de afiliación a través de Tradedoubler. Ofrece hasta 34€ de comisión según el producto contratado y ofrece formularios de búsqueda.

Muchoviaje.com ofrece hasta 60€ de comisión y puedes tramitar el alta en el programa de afiliado a través de la plataforma Zanox. Ofrece formulario de búsquedas, con hoteles, entradas, cruceros, billetes de tren, ski etc.

TIX.es ofrece comisiones de hasta 20€ en su programa de afiliados. Ofrece banners, enlaces de texto, cuadros de búsqueda, etc.

18 – AMAZON MECHANICAL TURK

Inversión: Ninguna

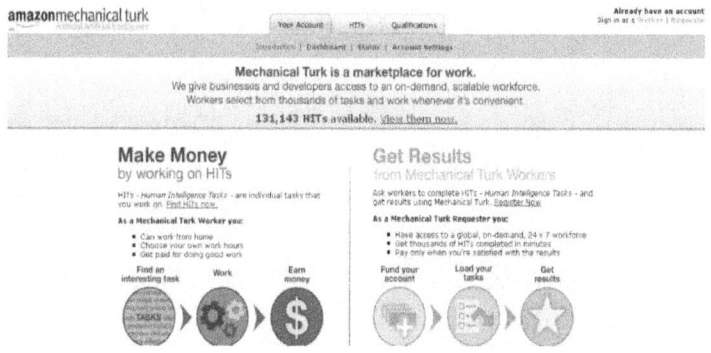

Amazon Mechanical Turk no entra dentro de los ingresos pasivos. ¿Por qué lo añado entonces al listado? Porque es una forma sencilla de ganar algo de dinero cuando no tenemos actividad. En ocasiones necesitamos una pequeña cantidad de dinero para comenzar un proyecto, pero no tenemos ingresos activos (un trabajo). Pues Amazon Mechanical Turk puede servirnos para ello, de hecho hay gente que asegura ganar unos 4000$ mensuales pero, eso sí, trabajando entre 8 y 10 horas diarias. Desde luego ese no es nuestro objetivo.

Amazon Mechanical Turk es un mercado en el que se precisa de inteligencia humana para realizar pequeños trabajos, que una máquina no podría hacer. Cada trabajo se llama "HIT" (Human Intelligence Task) y los trabajadores "Turkers" pueden seleccionar entre los trabajos disponibles y realizarlos.

Se cobra muy poco dinero por cada HIT, pero al ser trabajos muy pequeños se hacen extremadamente rápido, por lo que sobra tiempo para realizar nuevas tareas y así ir acumulando ingresos. Si dispones de tiempo libre y necesitas recaudar algo de dinero para comenzar, antes que estar parado esperando que te llamen de un trabajo, esta sería una solución temporal.

19 – CREAR UNA WIKI

Inversión: Poca

Una wiki es un sitio web que contiene artículos que pueden ser editados y modificados por los usuarios. La wiki más conocida es la Wikipedia, una completa enciclopedia online actualizada por los millones de usuarios que la visitan, que se ha convertido en referencia en las búsquedas en internet.

La creación de una wiki debe tener un objetivo y un tema específico. No tiene mucho sentido crear una wiki que vaya a hacer la competencia de la wikipedia, porque es muy difícil que sea visitada. Sin embargo, si encuentras una temática que no posee algo igual ¿por qué no intentarlo?

Por ejemplo, podría crearse una wiki con recetas de cocina, en la que los usuarios pudieran añadir recetas, valores nutricionales de alimentos, etc. Con el tiempo contendría tantas recetas que sería de visita obligada para aquellos que les gusta el mundo de la cocina. Una vez tienes un número grande de visitas tan solo te faltaría monetizarla. Para ello puedes recurrir a Google Adsense, Banner ads, o sistema de venta de afiliados (en el ejemplo anterior, podría darse la opción de ir a comprar determinado robot de cocina en los artículos relacionados, y recibir comisiones de las ventas que hayan llegado desde tu sitio web).

Esto reúne todas las condiciones: una baja inversión (un hosting y un dominio), el resto es gratuito (el script mediawiki y las aportaciones de los usuarios que visiten la wiki). Eso si, corre de tu cuenta trabajar en arrancarla los primeros meses.

20 -VENDER EN FIVERR

Inversión: Ninguna

Ya hemos hablado anteriormente de esta plataforma en la que puedes adquirir gigs que fácilitan tu tarea, pero también puedes usarla tú para comercializar los tuyos. Recuerda que debes orientarte a recibir ingresos pasivos, así que lo ideal es comercializar gigs que no te ocupen demasiado tiempo.

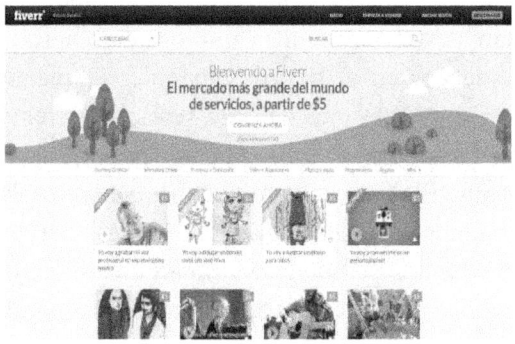

Puedes vender plantillas que tengas hechas para tus webs, ebooks que hayas escrito, manuales o cursos que ayuden en una tarea determinada, y si tienes varias webs, puedes vender publicidad en ella o backlinks desde tus webs.

9 LA ESTABILIDAD

Unas de las primeras pegas que se suelen poner a esta forma de vivir es la estabilidad laboral. "No tienes un trabajo ni nada estable".

Nada más lejos de la realidad. La falsa estabilidad atribuida a un empleo, solo podría ser real si habláramos de funcionarios, y aún así, estos están a expensas de los cambios de gobierno y de leyes que puedan suceder en el futuro. Cualquier empleado de una empresa es estable, hasta que deje de ser lo más rentable. Con la última reforma laboral del 2012, grandes corporaciones despidieron de sus plantillas al personal que más años llevaba en las empresas, contratando a personal más joven y más barato. En conclusión, cientos de miles de personas acabaron en el paro con una edad que se les hace complicado regresar al mercado laboral. Si les hubieras preguntado un mes antes del despido, te dirían que tenían empleos estables. De hecho en el momento en que escribo estas lineas, el banco más grande de España y uno de los mayores del mundo, que declara millonarios beneficios año tras años, se encuentra inmerso en un proceso de ERE laboral con los sindicatos para despedir a 1200 empleados. La mayoría de ellos llevan más de 10 o 20 años trabajando con esta entidad, y hoy están a punto de quedarse en la calle porque con el auge de la banca online, a esta empresa le sale más rentable recortar personal y ofrecer más beneficios en sus cuentas. Cualquier empresa está expuesta a los resultados del mercado y cualquier trabajador, a día de hoy, vive en una inestabilidad laboral absoluta. La diferencia radica en quien tiene el control de dicha estabilidad. Una empresa o tú mismo.

Cuando dedicas tu vida a desarrollar sistemas de ingresos pasivos, la entrada de dinero se va multiplicando con el paso del tiempo, y cuando uno de dichos sistemas deja de funcionar tienes otros que te siguen dando estabilidad. Lo que comúnmente se suele llamar -"poner las manzanas en distintas cestas" o diversificación. La diversificación debería aplicarse a todo. Tanto en la creación de ingresos pasivos como en la de inversión para un futuro. Cuanto más tengas diversificado el origen de tu dinero menos riesgos correrás. Si por ejemplo llegas al punto en que cada una de tus fuentes te garantiza un 5% de tus ingresos, en caso de que una de estas dejara de funcionar, aún tendrías el 95% restante por lo que tu economía no se vería resentida. Este nivel de diversificación es muy difícil de lograr porque siempre habrá ideas que funcionen mejor que otras, y que por lo tanto, te generen muchos más beneficios. En cambio a la hora de invertir en tu futuro si que puedes tener esta referencia e intentar aplicarla.

10 EL FUTURO

La otra gran pega que se presenta al sistema de ingresos pasivos es el futuro, concretamente las pensiones. Existe la creencia de que hay que trabajar toda la vida para poder tener una pensión (insuficiente en la mayoría de los casos) pero lo cierto es que tampoco sabemos a ciencia cierta si llegaremos a cobrar dicha pensión, o la cuantía que nos llegará.

Para cobrar la pensión máxima es necesario haber cotizado 37 años, y jubilarse a los 67. Esto significa, que si te incorporas al mercado laboral a los 30 años, no puedes quedarte nunca a lo largo de tu vida en el paro, o no tendrás derecho a ella. La pensión media en España roza los 900€ (datos de marzo de 2016). Aunque desde los distintos gobiernos se argumente que se han realizado subidas en las pensiones, en ningún caso ha sido así. Desde el año 2007 las pensiones van en descenso, el coste de vida medio ha aumentado: precio de la luz, de los alimentos, del transporte público, etc. De esto no tiene la culpa un gobierno u otro, en realidad la tienen todos.

El sistema de pensiones español está basado en un sistema piramidal. A medida que las bases van aumentando estas van sosteniendo con sus impuestos a la punta de la piramide. La base está compuesta por las personas que trabajan con sus cotizaciones, y la punta de la pirámide los pensionistas. Este sistema lleva directamente en el 100% de los casos a la quiebra, y en el sistema de pensiones español no será diferente. Falta conocer la fecha en que esto ocurrirá pero es cuestión de tiempo.

La única forma de mantenerlo sería aumentar la base a un crecimiento constante, lo que significaría mantener las mismas tasas de natalidad de antaño. Esto no es posible de entrada, debido al crecimiento del IPC. Si bien antiguamente un padre de familia mantenía un hogar, hoy difícilmente una pareja, ambos trabajando, pueden llegar a mantener a una familia numerosa. Esto lleva a que las parejas descarten tener hijos por no poderlos mantener o en el mejor de los casos no pasar de uno o dos. Si todas las parejas tuvieran un solo hijo de media, la población se iría reduciendo a la mitad en cada generación (eso en el supuesto de que todas las personas formaran una familia). La realidad es bastante cercana, según los datos de 2016, el número medio de hijos es de 1,33 muy por debajo del 2,1 donde esta fijado el índice de fecundidad de reemplazo. La pirámide poblacional está por lo tanto invertida, y cada vez habrá menos base y mayor punta de pirámide.

Podrás pensar que esta situación no es tan grave porque no se habla de ello en las televisiones, o que no ves preocupados a los políticos y que por lo tanto lo tienen controlado, pero no es así.

Evitar que te explote la burbuja de las pensiones en las manos solo puede evitarse de dos formas: aumentando la base o reduciendo la punta.

El presidente Zapatero en España no tuvo dudas en intentar pasar la patata caliente al siguiente gobierno atacando a la base, y por ello tomó medidas para intentar aumentar la base de la pirámide: regularizó a los inmigrantes que estaban en España de forma irregular para que de esta forma comenzaran a cotizar y por lo tanto contribuir en el pago de las pensiones. Se calcula que se ganó cerca de 700.000 nuevos cotizantes, con ello se aumentó la base de la pirámide a corto plazo y se pospuso un tiempo el problema. La segunda medida, tachada de populista, era la del cheque bebé. 2500 euros de ayuda por cada hijo que se tuviera con lo que se pretendía aumentar la natalidad y con ello la base de la pirámide a largo plazo. Esta medida no fue tan bien, porque la mayoría de la gente sabía que si bien era una ayuda para los primeros meses, no se garantiza el apoyo económico durante el crecimiento del niño. Es decir: pan para hoy y hambre para mañana. A esto le puedes sumar inmigrantes que daban a luz en España y regresaban a sus países después, tras cobrar la ayuda. Si el niño se marchaba ya no aumentaba la base de la pirámide. La intención era buena, el resultado no mucho. Al menos le dejo la "patata caliente" al siguiente. Y ese fue Mariano Rajoy.

Rajoy optó claramente por lo contrario: retrasó la edad de jubilación progresivamente hasta los 67 años (que se alcanzará exactamente en el año 2027). Esto supondría que toda la población entre 65 y 67 años en lugar de cobrar su pensión, estarían cotizando para los que la tienen. Con ello reduce la pirámide por su punta más alta. Igual que la primera medida, también es efectiva. Luego realizó una controvertida reforma laboral en contra del resto de partidos del país aprovechando su mayoría en el congreso: abarató el despido, y los costes empresariales por este concepto. Imagino que intentando hacer más atractiva la contratación en las empresas que se sentían reticentes a contratar dado los altos costes de despido si luego no necesitan el personal. El efecto fue justamente el contrario. Las empresas se volcaron en los despidos de su personal más antiguo, con sueldos más altos y trienios en sus nóminas, para sustituirlo por personal más joven que, en medio de una crisis, aceptaba sueldos abusivos por dichos empleos. El efecto fue que destrozó por completo la base disparando el paro y las grandes empresas del IBEX sacaron pecho dando lucrativos beneficios en la bolsa. Sin duda un falso signo de recuperación económica, puesto que esta subida del IBEX no benefició a la población sino al contrario, la perjudicó.

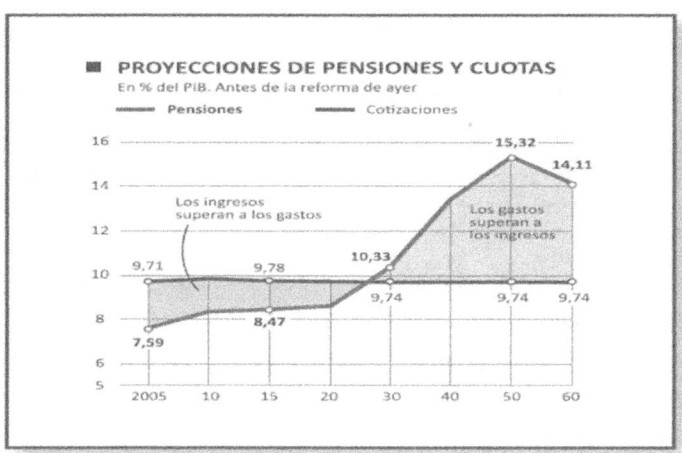

Con el tiempo se ha estabilizado. La contratación ha crecido pero aunque hay más contratados cotizan mucho menos, y por lo tanto se recauda mucho menos para cubrir las pensiones, así que el problema se ha agravado y mucho.

¿Qué se hizo mal? Pues todo. Todas estas medidas en el mejor de los casos sirven para alargar la agonía de algo que tarde o temprano llegará. Lo correcto hubiera sido sentarse a buscar un cambio a otro sistema de pensiones que garanticen un futuro para todos cuando aún se podía hacer, garantizando que los actuales pensionistas no se vieran afectados y existía un fondo en la llamada "hucha de pensiones" que desafortunadamente ha quedado casi vacío estos últimos años de déficit millonario con las erróneas políticas económicas aplicadas.

Quizás con los años alguna fuerza política asuma por fin la realidad de la situación de las pensiones y se atreva a plantear el cambio de este sistema. Hasta ahora decir cualquier cosa sobre esto ha sido tremendamente impopular, y dado que los votos mandan, los dos partidos que han gobernado en España saben que perderían el voto de la gran parte de su electorado ante el miedo de quedarse sin pensiones. Lo más fácil es, como ocurrió con la burbuja inmobiliaria, aprovechar el tirón y alargarlo lo que se pueda, esperando que le estalle en las manos a otro.

Ante una situación así solo puedo proponerte que no esperes nada de los gobiernos, y no esperes recibir tu pensión pública. Si la recibes, estupendo, pero, ¿y si no hay dinero para pagarlas cuando llegue el momento?

Hasta ahora hemos hablado de cómo crear un sistema de ingresos pasivos que vaya aumentando con el tiempo hasta que puedas vivir de él, pero una parte importante es qué hacer con el dinero que te sobre.

Hay muchas opciones pero sin duda te recomendaría la inversión en bolsa y la reinversión de los dividendos. Esta fórmula se basa en separar una cantidad de dinero al mes, como si de cualquier recibo se tratara, e invertirlo en distintas empresas comprando acciones pero siempre teniendo en cuenta varias cosas importantes:

Primero- Diversificar la cartera, en diferentes sectores, y dejando una parte en empresas nacionales y otra en empresas internacionales.

Segundo- Invertir en empresas que repartan dividendos, y aumenten el dividendo cada año por encima del crecimiento del IPC, luego reinvertir dicho dividendo en la misma o en otras empresas.

Tercera- No vender nunca, mantener aunque haya una caída del valor salvo claros casos de quiebra inminente.

Después de un determinado número de años deberías tener una cartera diversificada lo suficientemente amplia que te esté aportando una cantidad de dividendos mensuales suficiente para vivir. Sin hacer nada más. Lo ideal es que ahorres una buena cantidad de dinero, cuanto mayor sea, obviamente, antes lograrás tu objetivo.

He tocado este tema sin pronfundizar demasiado en él. No puedo hacerlo pues hay material como para otro libro completo. De hecho hay varios libros muy buenos que te ayudarán a realizar una estrategia en este sentido, creando una cartera y partiendo con muy poco dinero cada mes. Te animo a que leas en este sentido, y diseñes una estrategia a largo plazo en este sentido.

Sé que los fondos de pensiones privados son, a priori, la primera opción que le vendrá a la mayoría de la gente a la mente cuando hablamos de asegurar una pensión el día de mañana pero personalmente no la valoro por distintas razones que me demuestran que no son opciones seguras (al menos hasta ahora):

Si tienes un fondo de pensiones privado en el que has estado aportando dinero durante décadas seguramente te llevarás una desagradable sorpresa: quizás tienes menos dinero del que has invertido durante tantos años. Pero además si necesitas disponer de él, Hacienda te meterá una gran mordida de lo que has ido desgravando durante años.

El IESE es una escuela de negocios en España que elabora cada año un informe de rentabilidad de los fondos de pensiones privados. Las conclusiones del último informe no deja lugar a dudas: Sólo 3 de los 257 fondos de pensiones con al menos 15 años de vida, lograron una rentabilidad media superior a los bonos del estado a 15 años (un 4,4%). Es decir, que es más rentable invertir tu dinero en bonos, que en un fondo de pensiones privado. Además el 10% de los fondos privados acumulan perdidas, es decir, el ahorrador tiene menos dinero del que ha invertido. La media de rentabilidad que tienen los 7 fondos con más aportaciones, es de un 0,96%. No llega al 1% en 15 años de ahorros.

Pero si ya pensar que el obtener un 1% de rentabilidad en 15 años es demasiado poco piensa en cuanto habrá crecido el IPC durante esta década y media. No es lo mismo lo que puedes comprar con 10 euros hoy, que dentro de 15 años. Realmente si no has logrado recibir un rendimiento superior al crecimiento anual del IPC, me temo que tendrás mucho menos dinero.

Descartado los planes de pensiones privados, los cuales solo enriquecen a los bancos que se lucran con excesivas comisiones, te animo a que te plantees a indagar sobre la inversión en bolsa a largo plazo para vivir del dividendo el día de mañana, pero también subrayo que, si ya dije que diversificar era bueno a la hora de crearte una cartera de valores, o de poner en marcha ingresos pasivos, debes diversificar también la creación de tu pensión.

Housers es pionero en España en el crowfunding inmobiliario. Su sistema es sencillo: su equipo localiza grandes oportunidades inmobiliarias. Suelen ser viviendas, locales o edificios muy por debajo de su valor real. Realizan un extenso estudio y presupuesto, que incluye reformas, plusvalías, y todo tipo de gastos, y ofrecen a los inversores un plan con un beneficio objetivo en un período de tiempo que suele fijarse en uno o dos años. En ese momento los usuarios de Housers pueden invertir la cantidad que deseen, y el mismo portal Housers invierte en sus proyectos, creándose una sociedad que adquiere el inmueble y comienza su explotación. La propiedad es alquilada generando ingresos cada mes hasta que se alcanza la revalorización objetiva que el inmueble es vendido y repartido el beneficio en proporción entre todos los que participaron. La inversión en Housers es mínima (solo 50 euros) y Housers solo cobra comisión sobre las ganancias, lo que involucra al portal en garantizar Inversiónes seguras para sus socios.

¿Qué es Housers?

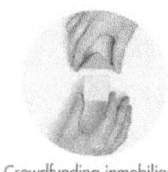

Crowdfunding inmobiliario
Housers es la primera plataforma de inversión inmobiliaria en España

Dirigida a todo el mundo
Abierta a pequeños y grandes inversores de cualquier parte del mundo

Simple y cómodo
Invirtiendo con un click desde el salón de tu casa

Housers es una opción a tener en cuenta como forma de inversión, si bien es algo bastante nuevo en nuestro país y no tenemos datos a largo plazo de su marcha por lo que habría que ser cautos. De momento ofrecen proyectos con una rentabilidad neta objetiva a dos años que ronda entre el 30% y el 50%. Incluso hay casos, como el de un inmueble en el popular barrio madrileño de Chueca, en el que los inversores lograron alcanzar el precio objetivo para dos años, en solo dos meses, logrando un beneficio neto del 30,31%, en tan solo 60 días. Piensa que antes comentábamos que la rentabilidad media de los mayores fondos de pensiones privados de España no superaron el 1% en 15 años y Housers logró en tan solo dos meses una rentabilidad neta del 30% para sus inversores. Para planteárselo. Explora la rentabilidad de diferentes opciones: fondos de inversión, materias primas, pero ante todo intenta informarte bien de dónde vas a invertir tu dinero y qué rentabilidad esperas obtener.

Una buena forma de plantearse la creación de una pensión podría ser invertir una pequeña cantidad en acciones, y otro en este sistema de inversión inmobiliaria. Por ejemplo, si separamos 150€ cada mes, podríamos asignar 50€ a Housers e invertirlo en proyectos que nos parecieran interesantes, y por otro lado invertir 100€ en aumentar tu cartera. Posteriormente los rendimientos recibidos en Housers los reinvertiríamos en nuevos proyectos junto a esos 50€ mensuales, aumentando exponencialmente nuestro dinero invertido, así como reinvertiríamos los dividendos recibidos de los diferentes paquetes de acciones que iremos adquiriendo en nuevas acciones.

11 DESPEDIDA

Espero que este libro haya cumplido las expectativas creadas antes de comenzar su lectura. Entre los objetivos que me había propuesto estaban los siguientes puntos:

1- Entender la situación de esclavitud de deuda a la que estamos sometidos.

2- Explicar las ventajas del sistema de ingresos pasivos como camino alternativo al propuesto por bancos, gobiernos y grandes corporaciones.

3- Dar 20 ejemplos prácticos de generar ingresos, en su mayoría pasivos, para aprender a identificarlos, crear nuestras propias ideas, e inspirar al lector.

4- Generar conciencia en el lector sobre la necesidad de garantizar un futuro el día que decidamos dejar de idear ingresos pasivos, ante la posibilidad de que estos vayan dejando de generar ingresos.

5- Ofrecer ideas orientativas de cómo planear nuestra vida para garantizar no depender de las cadenas generadas por las deudas.

Espero haberlo conseguido y haberte animado a encontrar el camino que realmente estabas buscando cuando caíste en este libro, y sobre todo que los diferentes ejemplos que te he ofrecido te hagan más sencilla la búsqueda de ingresos pasivos.

HTTP://WWW.VIVIRSINTRABAJAR.EU

www.ingramcontent.com/pod-product-compliance
Lightning Source LLC
Chambersburg PA
CBHW070329190526
45169CB00005B/1807